Au Marabout

de

Sidi-Brahim

et

à Calais

PAR LE

COMMANDANT CAFFIER

Ex-Capitaine-Major

au 8me Bataillon de Chasseurs à pied

PARIS

LIBRAIRIE ILLUSTRÉE

JULES TALLANDIER

8, Rue Saint-Joseph

2ème Maison à LILLE : 11 et 13, Rue Faidherbe

Au Marabout

de Sidi-Brahim

et

à Calais

PAR

LE COMMANDANT CAFFIER

Ex-Capitaine-Major au 8ᵐᵉ Bataillon de Chasseurs à pied

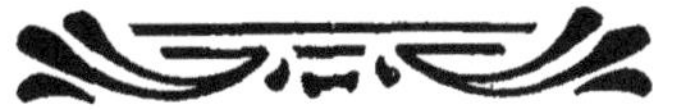

PARIS
—
LIBRAIRIE ILLUSTRÉE
JULES TALLANDIER
8, Rue Saint-Joseph
—
Même Maison à LILLE : 11 et 13, Rue Faidherbe.

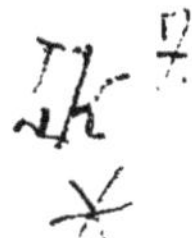

Avant-Propos

Par lettre du 2 décembre 1898, M. le Ministre de la Guerre avait prescrit l'envoi de délégations du 2ᵉ régiment de hussards et du 8ᵉ bataillon de chasseurs à pied, à Oran, pour les fêtes de Sidi-Brahim.

Au 8ᵉ bataillon, la désignation des membres de la délégation qui devait comprendre un officier, un sous-officier et un caporal, a été faite le jeudi 8 décembre 1898 par tous les officiers réunis à la salle d'honneur, sous la présidence de M. le Chef de Bataillon Feuchère, commandant.

Elle fut ainsi constituée :

Capitaine CAFFIER, chevalier de la Légion d'honneur ;

Sergent-major DELAWARDE, décoré de la Médaille Militaire et de Sainte-Anne de Russie ;

Caporal FOURQUEZ, lauréat du Concours de tir du bataillon en 1898.

Le temps pressait et le commandant était d'avis que la délégation fût rendue à Marseille, le mardi matin, au plus tard, pour s'embarquer le soir même pour Oran et y arriver quelques jours avant les fêtes officielles.

En conséquence, le départ d'Amiens fut fixé au dimanche 11 décembre et le chef de la délégation emporta les instructions verbales suivantes :

1º Remercier le 2ᵉ zouaves des honneurs rendus,

chaque année, au Tombeau des Braves, par le détachement de Nemours ;

2° Envoyer un compte-rendu des fêtes aux deux sœurs du commandant Froment-Coste, à La Rochelle ;

3° Associer, si possible, aux manifestations patrio- tiques d'Oran M. Chigot père, le peintre des hauts faits de Sidi-Brahim ;

4° Aller ensuite visiter le champ de bataille, évoquer sur place tous les souvenirs de ce glorieux combat et rapporter au 8ᵉ Bataillon les éléments d'une conférence vécue, anecdotique (1).

Le journal qui suit est le développement de ce programme.

CAFFIER.

---

(1) Cette conférence a été faite aux officiers, les 18 et 19 Janvier 1899 ; aux sous-officiers, caporaux et élèves-caporaux un mois après.

PREMIÈRE PARTIE

Une Mission en Oranie du 18 au 24 décembre 1898

Débarquée à Oran, le 15 décembre 1898, à huit heures du matin, la délégation du 8ᵉ se met immédiatement en route pour faire des visites de présentation à toutes les autorités militaires et civiles :

A M. le général de Ganay, commandant la division d'Oran ;

à M. le général Mauduit, commandant la brigade d'Oran ;

à M. le colonel Prieur de Lacomble, commandant le 2ᵉ zouaves (je lui transmets tout de suite les remerciements de mon Chef de bataillon, pour les soins donnés au Tombeau des Braves, par le détachement de Nemours et pour les honneurs rendus, chaque année, à nos anciens camarades) ;

à M. Gobert, maire d'Oran ;

à M. de Malherbe, préfet du département ;

à M. le commandant en retraite Mirauchaux, officier de la Légion d'honneur, président du Comité d'initiative ;

à M. Fouque, ancien maire d'Oran, sous l'administration duquel ont eu lieu les premières formalités pour l'érection du monument ;

à MM. les Directeurs des journaux d'Oran ;

à M. de Rochefort, président du Comité des fêtes ;

et à M. Courserant, notaire honoraire à Mostaganem, promoteur du monument de Sidi-Brahim, à Oran.

Partout la délégation est accueillie avec un réel empressement.

Le 17 décembre arrivent à l'Hôtel Continental où je suis descendu :

M. F. Guimet de la Martinière, petit-neveu du commandant Froment-Coste ;

M. le lieutenant Brugère, du 8me bataillon de chasseurs, qui vient volontairement renforcer la délégation ;

M. le lieutenant de réserve Brinquant, du 18me bataillon de chasseurs, qui désire aussi assister à l'inauguration officielle du lendemain ;

M. Édouard Chigot, administrateur de l'Ouarsenis, chevalier de la Légion d'honneur et décoré de la médaille militaire, fils et représentant du peintre de Sidi-Brahim ;

Le clairon Rolland, l'unique survivant du combat de Sidi-Brahim ;

Le sergent Pègues, ancien sergent-fourrier au 8me bataillon ;

Et le sergent Rigouleau, ancien chasseur du 8me bataillon, en 1845, promu plus tard sergent.

J'étais au Café Continental avec M. Edouard Chigot, quand on m'annonça l'arrivée des trois vétérans, et je voulus, pour bien marquer mon estime à l'égard du clairon Rolland, aller au-devant de lui et l'embrasser publiquement, après lui avoir souhaité la bienvenue.

La foule, qui lui faisait escorte, me sut gré de cette attention et en manifesta sa satisfaction par des applaudissements enthousiastes.

Le clairon de Sidi-Brahim était déjà et justement sympathique à la population oranaise !

MONUMENT ÉLEVÉ PAR SOUSCRIPTIONS PUBLIQUES

A LA GLOIRE DES HÉROS DE SIDI-BRAHIM.

Au pied du monument :

A DROITE, LA DÉLÉGATION DU 2e HUSSARDS,
A GAUCHE, LA DÉLÉGATION DU 8e BATAILLON DE CHASSEURS A PIED

Entre les deux délégations :

LE CLAIRON ROLLAND ET LE SERGENT RIGOULAU,
(Le sergent Pègues n'a pas posé).

Inauguration du Monument de Sidi-Brahim
à Oran

Le 18 décembre 1898 eut lieu, à Oran, sous la présidence de M. Laferrière, gouverneur général de l'Algérie, l'inauguration du monument élevé par souscriptions publiques à la mémoire des héros de Sidi-Brahim (1).

Dès huit heures du matin, toutes les autorités militaires et civiles, toutes les troupes, musique en tête, clairons sonnant, arrivent sous l'arc de triomphe dressé à l'entrée du boulevard Seguin, pour prendre leurs emplacements et former la haie sur le passage du Gouverneur Général.

Le boulevard Seguin est noir de monde ; toutes les fenêtres sont aussi garnies de spectateurs et pavoisées.

L'escadron des caïds et des cavaliers indigènes est surtout remarquable. Il faut, sous ce ciel étincelant de l'Algérie, des couleurs voyantes, des habits somptueux, pour attirer le regard... Ici le costume oblige et distingue ; le manteau rouge est le signe du commandement.

A midi, à l'Hôtel de la Division, déjeuner offert par le général et la comtesse de Ganay au gouverneur général. Les chefs des deux délégations y assistent.

---

(1) Ce monument est situé sur la Place d'Armes, face au Cercle militaire ; il est composé d'un piédestal de forme cubique, et d'un tronc de pyramide supportant une gloire aux ailes éployées, portant en ses mains une palme et une couronne de lauriers. Assise au pied de la pyramide, l'Histoire, un drapeau dans la main gauche, écrit en lettres d'or sur la pierre les mots célèbres : « Camarades ! défendez-vous jusqu'à la mort. » — Les figures allégoriques sont dues au ciseau du sculpteur Dalou ; l'architecture proprement dite a pour auteur H. Formigé ; H. Gress a construit l'infrastructure et la maçonnerie ; et c'est M. Guillaume qui a placé la grille monumentale. — La hauteur de l'œuvre entière est de 16 mètres. La pyramide est en pierre de taille de Cassis et le socle en pierre des carrières avoisinant Bel-Abbès (*Le Petit Fanal*).

A deux heures précises commence la vraie fête, celle qui réunit des milliers de personnes. La foule déborde d'enthousiasme, quand le cortège gubernatorial arrive.

Le voile qui recouvrait le monument est enlevé.

La délégation du 2ᵐᵉ Hussards, Commandant de Carné, est à droite. La délégation du 8ᵐᵉ Bataillon de Chasseurs, Capitaine Caffier, est à gauche, au pied même du monument. Les deux délégations encadrent le clairon Rolland, ayant à sa gauche le sergent Rigoulau et à sa droite le sergent Pègues.

Avant de donner la parole au Commandant Mirauchaux, président du Comité d'Initiative, le Gouverneur général descend de la tribune, salue les délégations et serre la main aux survivants, particulièrement au clairon Rolland, puis il remonte au fauteuil présidentiel.

La foule crie : Vive l'Armée ! Vive le Gouverneur ! avec un ensemble saisissant.

Décidément la fête commence bien !

M. le Commandant Mirauchaux, M. Gobert, maire d'Oran, et M. de Rochefort, au nom du comité d'organisation des fêtes, prennent successivement la parole pour retracer les événements de Sidi-Brahim et célébrer dans un langage très élevé, très patriotique, les vertus militaires de nos camarades ; mais le fait le plus saillant de cette cérémonie fut certainement le discours de M. le Général de Ganay, commandant la Division d'Oran, qui parla au nom de l'Armée. Sa péroraison, dite d'une voix forte et mâle, impressionna vivement et fut justement applaudie.

« Soldats, mes chers soldats, s'écria-t-il, soldats de tous âges et de tous grades, soldats d'hier, soldats d'aujourd'hui et soldats de demain, imitez vos devanciers de Sidi-Brahim, sachez, quand il le faudra, mourir silencieusement comme eux pour le pays !

Votre part sera belle encore, car la France si souvent victorieuse, sait honorer même ses infortunés vaincus ! »

Enfin le Gouverneur Général se lève et prononce le discours de clôture. Il développe cette pensée : « C'est déjà pratiquer la vertu que de savoir l'honorer dignement », et il termine par un vibrant appel à l'union de tous pour l'avenir de l'Algérie.

L'Inauguration officielle du monument est terminée ; les troupes se massent pour défiler sous le commandement du général Mauduit, pendant que la musique du 1er Régiment étranger exécute, avec sa maëstria habituelle, le pas redoublé de Sidi-Brahim.

Après l'armée, les sociétés civiles, bannières en tête, passent aussi devant le monument, et ce n'est pas la partie la moins pittoresque de cette fête patriotique.

A sept heures du soir, à l'Hôtel de la Préfecture, dîner offert par le Préfet et Mme de Malherbe au Gouverneur Général. Le chef de la Délégation du 8e y assiste.

Enfin, à dix heures, un punch offert par la Municipalité à tous les invités et à tous les officiers de la garnison eut lieu à l'Hôtel de la Mairie. La salle des fêtes est splendide, et la lumière, qui verse à flots ses rayons sur les uniformes militaires et civils, donne à cette réunion un caractère grandiose.

M. le maire d'Oran remercie encore le Gouverneur Général et tous ses invités, puis M. Laferrière fait ses adieux et se retire.

Au dehors, la foule continue de circuler joyeuse.

Le lendemain, 19 décembre 1898, le programme comporte : une fête arabe au village nègre ; un punch offert aux sous-officiers par la Municipalité, au *Café de France*, et une représentation théâtrale au Cirque des Nouveautés ; à neuf heures du soir : Apothéose des Héros de Sidi-Brahim !

La fête arabe fut originale. Je fus surtout intéressé par les assauts de savate et de matraque ; et par les danses des foulards et des épées. On sentait que les indigènes étaient dans leur élément et tenaient à briller. Aussi la lutte fut-elle parfois vive et poussée jusqu'au sang.

Après les danses plus ou moins lascives eut lieu la fantasia arabe ; mais l'arène m'a paru trop restreinte pour que les cavaliers, si audacieux qu'ils soient, pussent donner toute leur mesure. Il était facile quand même de constater leur vigueur, leur entrain et leur habileté équestre.

Mettez, d'ailleurs, un arabe quelconque sur un cheval, sur un mulet ou même sur un âne, et vous le verrez se métamorphoser immédiatement en guerrier. Il lui faut le cheval pour faire parler la poudre et se montrer sous son vrai jour.

Au punch des Sous-Officiers, à 4 h. 1/2, je dus y aller, moi aussi, de mon toast et je dis : « Messieurs, je ne comptais pas prendre la parole dans cette réunion. J'avais seulement prié MM. les membres du Comité d'organisation de vouloir bien ajouter un dernier toast à tous ceux qui ont été prononcés pendant ces deux journées inoubliables ; mais M. le Président du Comité croit qu'aucun autre n'est mieux qualifié que le chef de la délégation du 8ᵐᵉ Bataillon de Chasseurs pour rendre un pieux hommage aux deux sœurs du Commandant Froment-Coste et au peintre militaire, M. Alphonse Chigot, de Valenciennes.

Je ne puis donc me dérober à ce devoir et je viens vous prier, Messieurs, de vouloir bien associer aux fêtes de Sidi-Brahim Mesdemoiselles Froment-Coste, qui sont aujourd'hui de vénérables octogénaires, habitant La Rochelle.

Elles seront certainement heureuses et fières d'apprendre tout ce qui a été fait ici, sur la terre d'Afrique, et particulièrement à Oran, pour glorifier leur frère.

Messieurs, à la santé de Mesdemoiselles Froment-Coste !

Je désire aussi, avant la fin de cette réunion, rendre un public hommage à M. Alphonse Chigot, dont le fils, administrateur dans cette colonie, est ici le représentant autorisé. M. Alphonse Chigot, ancien chasseur d'Orléans, qui avait combattu à Isly, le 14 août 1844, à côté du 8e bataillon de chasseurs, avait été si impressionné par les événements de Sidi-Brahim, qu'il avait résolu de travailler, afin de pouvoir quelque jour les fixer sur la toile.

Son vœu s'est réalisé, Messieurs, et l'ancien fourrier du 6e Bataillon est devenu un artiste, un peintre de grand cœur et de grand talent, dont nous admirons aujourd'hui les œuvres, dans notre salle d'honneur : *Le Combat de Sidi-Brahim,* l'*Héroïsme du capitaine Dutertre* et l'*Évocation.*

Je vous demande donc, Messieurs, de lever une dernière fois mon verre en l'honneur de M. Alphonse Chigot, le peintre de Sidi-Brahim !

Je remercie enfin la municipalité d'Oran de son accueil si cordial. Cette fête honore, sans doute, nos aînés, mais nous trace aussi nos devoirs : nous saurons les remplir. »

Alors, tous les sous-officiers mettent sabre au clair et font aux survivants une voûte d'honneur, sous laquelle nous défilons tous pour rentrer chez nous, en attendant la représentation théâtrale.

A 8 h. 45, j'étais de retour à l'*Hôtel Continental* pour prendre le clairon Rolland, les deux sergents Pègues et Rigoulau, et les conduire au Cirque des Nouveautés. On les appelait « les survivants » mais de survivant réel, ayant pris une part effective à la défense des carrés ou du marabout de Sidi-Brahim, du 23 au 26 septembre 1845, il n'y avait que Rolland.

A notre entrée la salle était déjà comble.

Rolland fut l'objet d'une ovation chaleureuse quand il

parut à côté de moi, dans la loge réservée aux Délégations officielles.

La soirée débuta par l'*Ouverture de Charles VI,* magnifiquement exécutée par la musique du 2ᵉ zouaves.

L'orchestre à cordes du 1ᵉʳ étranger exécuta aussitôt après une fantaisie sur les *Dragons de Villars,* qui provoqua des applaudissements unanimes.

Le rideau se leva ensuite pour la représentation du drame héroïque de « Sidi-Brahim » par M. Briet.

Le monologue du Lieutenant-Colonel de Montagnac, au moment même où il sent la vie lui échapper, est de toute beauté ; et le portrait du caporal Lavayssière y est tracé de main de maître.

Toute la pièce, qui reflète le plus pur patriotisme, a un relief extraordinaire et mérite d'ailleurs d'être conservée.

Le chant de Sidi-Brahim exécuté ensuite par les deux musiques du 1ᵉʳ étranger et du 2ᵉ zouaves fut écouté debout par tous les assistants.

Enfin une ode héroïque : *l'Histoire aux Morts,* fut dite avec émotion par Mᵐᵉ Bernard, du théâtre municipal d'Oran, puis l'apothéose des héros de Sidi-Brahim eut lieu aux sons de la *Marseillaise* et des cris enthousiastes, frénétiques, de : « Vive l'armée ! Vivent les chasseurs ! Vivent les hussards !

Le tableau représentait la Gloire couvrant du Drapeau tricolore les combattants de Sidi-Brahim, étendus sans mouvement au pied du marabout !

Cette dernière partie du programme fut absolument réussie, et tout le monde se retira impressionné !

Des médailles commémoratives, grand modèle, en argent, furent frappées à l'occasion de l'inauguration du monument, et M. de Rochefort, président des fêtes, voulut bien m'en remettre une pour le 8ᵉ bataillon de chasseurs à pied ; elle est aujourd'hui déposée à la salle d'honneur,

20 décembre 1898. — Les fêtes officielles d'Oran sont terminées ; mais la Délégation du 8e Bataillon de Chasseurs à pied, après avoir posé au pied du Monument élevé à la gloire des Héros de Sidi-Brahim, avec la Délégation du 2e Régiment de Hussards, pour conserver un souvenir tangible de sa mission, se dispose à partir pour Nemours et les lieux mêmes où s'ilustrèrent ses devanciers. Entre temps, elle est reçue avec une cordialité très marquée par le 2e Zouaves, par les officiers de l'État-Major de la Division, par ceux de l'arrondissement d'Artillerie, et par tous les sous-officiers de la garnison, y compris ceux de la marine, réunis encore au *Café de France !*

Enfin, le 22 décembre, nous pouvons quitter Oran et prendre le train à 6 h. 15 du matin pour Tlemcem, l'ancienne capitale des Turcs, depuis 1553, et la rivale de Fez !

Tlemcem est une ville qui a conservé son caractère arabe. Assise sur les dernières pentes d'une montagne escarpée, entourée de vergers splendides, elle mérite de fixer l'attention.

L'ancien palais des gouverneurs et des rois de Tlemcem, le Mechouar, transformé aujourd'hui en une caserne immense, force aussi le voyageur à s'arrêter.

Que de souvenirs il évoque, et comme il serait curieux, sans doute, d'en connaître toute l'histoire !

Enfin, à 2 ou 3 kilomètres de Tlemcem, on aperçoit les ruines imposantes de Mansourah.

« Cinq siècles ont passé sur les débris de cette cité autrefois opulente ; il ne reste debout qu'une partie de son enceinte et le minaret de la mosquée. Le développement de l'enceinte enferme cent hectares. Les murs ont 1 m. 50 d'épaisseur sur 12 mètres de hauteur. Ces remparts en pisé, jadis percés de quatre portes, ont à peu près disparu au Sud et à l'Est. C'est au Nord et principalement à l'Ouest que l'on pourra étudier ce système de murailles reliant, de 40 en 40 mètres, des tours bastionnées, à créneaux, et, sans portes — comme celles d'Aurélien à Rome. » (*Géographie de l'Algérie,* par Niel).

Nous avons traversé Mansourah, le 23, au point du jour ; et toutes ces ruines que n'éclairaient pas encore les rayons étincelants du soleil avaient un aspect fantastique !

A notre retour de Nemours, nous avons de nouveau traversé Mansourah par un magnifique clair de lune, et j'avoue que je n'ai jamais, sauf au Colysée romain, peut-être, contemplé de paysage plus calme ni plus poétique !

Comme les Arabes, ces grands rêveurs, savaient bien choisir leurs résidences !...

Invités à dîner par le 2ᵐᵉ régiment de tirailleurs et conduits ensuite au Cercle militaire de la garnison, nous eûmes le plaisir d'y entendre la Nouba, qui exécuta en notre honneur les meilleurs morceaux de son répertoire : le *Père la Victoire,* la *Marche du Régiment* et le *Salut à la France !*

La Nouba est une musique spéciale aux régiments indigènes.

23 décembre 1898. — Départ à 7 heures, dans une voiture particulière. Notre équipage se composait d'une berline, attelée de trois chevaux gris-pommelé. Nous avions à parcourir, de Tlemcem à Nemours, 102 kilomètres, et j'avais peine à croire que nous pussions franchir en 12 heures, — de 7 heures du matin à 7 heures du soir, — pareille distance !... Nous ne sommes plus habitués en France à ce genre de locomotion, mais en Algérie, il n'est pas rare de faire, sans relai, en voiture ordinaire, 100 kilomètres en un jour ! Évidemment, les automobiles vont aujourd'hui plus vite et plus loin, mais, en 1898, elles étaient encore à peu près inconnues !

Le froid était vif quand nous quittâmes l'Hôtel de

France, où nous étions descendus, et nous eûmes à prendre quelques précautions ; mais le voyage s'accomplit ensuite dans les meilleures conditions possibles, à travers un pays très pittoresque, très tourmenté, que nous ne pouvions nous lasser d'admirer. Peu de culture, si ce n'est aux abords du village de Turenne, beaucoup de broussailles et, de ci de là, des campements arabes, puis sur le flanc des montagnes et même dans les ravins, des troupeaux bizarrement composés de vaches, de chèvres, de chevaux, d'ânes et de moutons.

Cette partie de l'Algérie est loin d'être cultivée comme entre Oran, Sidi-Bel-Abbès et Tlemcem.

A Turenne, repos d'une demi-heure pour battre la semelle, laisser souffler les chevaux et déjeuner. Une jeune Française fort avenante nous sert le café et nous repartons.

Sur le pont de la Tafna, nous apercevons, de notre voiture, un maréchal-des-logis et deux spahis. Que peuvent-ils faire si loin de Lalla-Marghnia ?

Quoi qu'il en soit, nous continons de rouler sur l'immense route en lacets, et nous débouchons sur la place de Lalla-Marghnia, vers midi.

Aussitôt nous voyons accourir le Commandant du Cercle Militaire qui nous prie de descendre et de venir déjeuner.

Les spahis, qui avaient été placés au pont de la Tafna, et dont la présence m'avait étonné, avaient été chargés de les prévenir de notre arrivée.

Jamais plus cordiale réception ne nous fut faite, et c'est à grand peine que nous pûmes quitter nos camarades, vers 2 heures, pour continuer sur Nemours.

A Nedromah, arrêt d'un quart d'heure.

De tous les côtés, la Délégation du 8me Bataillon de Chasseurs est attendue, accueillie, avec une sympathie très vive.

A 5 heures, départ de Nedromah pour Nemours. On aperçoit dans le lointain un coin de mer et l'on descend vers Nemours avec une certaine rapidité. Il est nuit noire quand notre berline s'arrête enfin devant l'hôpital militaire, où nous sommes logés tous.

M. le chef de Bataillon Chiché, commandant d'armes de Nemours, accourt, il nous dit qu'on nous attendait à 5 heures, que la municipalité était allée au-devant de la Délégation, et nous invite à venir nous mettre à table immédiatement, sans changer de toilette, pour éviter toute nouvelle perte de temps.

Quelle ne fut pas notre surprise de trouver réunis à la table du Commandant : des officiers du 2ᵉ Zouaves, M. de Vialar, administrateur de Nedromah, Madame de Vialar, Madame Chiché et leurs enfants.

Décidément l'Algérie est la terre classique de la courtoisie.

Le dîner et la réception qui suivit, se prolongèrent jusqu'à 11 heures du soir.

Une retraite aux flambeaux avait parcouru la ville, de 8 à 9 heures, et préparé ainsi la cérémonie du lendemain.

FÊTES DE NEMOURS

Visite au Marabout.

24 Décembre 1898

Je me lève à 6 heures du matin et ma toilette terminée, je me rends à la popote des officiers du 2e zouaves pour y prendre le café.

On m'amène le second cheval du commandant Chiché, qu'il veut bien mettre à ma disposition, pendant toute cette journée, et je vais immédiatement à la Mairie pour exprimer à M. le Maire et à tous les Conseillers municipaux nos regrets de les avoir dérangés inutilement la veille ; mais nous ignorions complètement tous les préparatifs faits pour nous recevoir et honorer nos camarades de Sidi-Brahim. Des fonds avaient été recueillis, en outre, pour l'achat de trois couronnes à déposer par la municipalité au Tombeau des Braves, au monument de Montagnac et au cimetière même de Nemours, où sont encore inhumés les ossements de la plupart des combattants de Sidi-Brahim.

Toutes ces couronnes, du plus bel effet, portaient l'inscription suivante : « *Aux Héros de Sidi-Brahim, les Habitants de Nemours, 1845-1898.* »

Je remerciai avec effusion M. le Maire et serrai la main à tous les Conseillers municipaux, déjà réunis, puis je remontai à cheval et partis chez M. le commandant Chiché, chef du 1er bataillon du 2e zouaves, commandant d'armes à Nemours, près de l'ancien nid de pirates : Djemmaa-Ghazaouet.

Toute la garnison était sur pied : gendarmes, douaniers, forestiers, pompiers, zouaves ; anciens, en armes ; jeunes, de la dernière classe, sans armes.

Le Tombeau des Braves est situé sur l'Oued Mersa, à 2 kilomètres environ au sud de Nemours, au pied des escarpements des Ouled Ziri et non loin du confluent de l'oued Mella avec l'oued Mersa, où furent massacrés les derniers combattants de Sidi-Brahim.

Quand nous y arrivâmes, le commandant Chiché, le capitaine Roux, du 2e Zouaves, le lieutenant Brugère et moi, la foule était compacte aux abords du monument et les troupes étaient alignées sur le côté de la route, y faisant face. Les délégués se placèrent à gauche du monument ; la municipalité à droite ; le commandant fit présenter les armes, ouvrir le ban, puis, se tournant vers le tombeau, il dit : « Officiers, sous-officiers et soldats, nos camarades de France ont envoyé ici une Délégation pour rendre, aux héroïques combattants de Sidi-Brahim, un respectueux hommage d'admiration et de reconnaissance. Nous nous associons de tout cœur à leur mission patriotique. La lutte était ardente, le 23 septembre 1845, entre les Hussards de Chamborant, les Chasseurs d'Orléans et les réguliers de l'Emir Abd-el-Kader ; la lutte était surtout inégale ; mais nos camarades ont préféré mourir plutôt que de se rendre. Que leur souvenir soit fidèlement conservé au 2e Zouaves et dans toute l'armée française ! » Puis, se tournant vers moi, il me fit signe de prendre la parole et de déposer la couronne apportée par le 8e Bataillon de Chasseurs. Cette couronne, en métal bronzé, était faite d'une branche de chêne et d'une branche de laurier entrelacées ; sur le fond en cuivre, on lisait, gravée en lettres noires, la dédicace suivante :

« Le 8e Bataillon de Chasseurs aux Héros de Sidi-Brahim. — 18 Décembre 1898. »

Quand elle fut sortie de sa caisse et accrochée au sommet du monument, je dis :

« Mon Commandant, Messieurs,

» Au nom de M. le commandant Feuchère, mon chef de bataillon, au nom des officiers, sous-officiers, caporaux et chasseurs à pied du 8ᵐᵉ Bataillon, au nom de tous les Chasseurs de France, qui sont de cœur avec nous dans cette pieuse manifestation, je dépose au Tombeau des Braves une couronne commémorative.

» Nous n'avons pas cru pouvoir rentrer en France, sans avoir visité le théâtre même des exploits de nos aînés.

» A Oran, au moment de l'inauguration du magnifique monument élevé à leur mémoire, M. le Général de Ganay, avec sa haute autorité et son âme ardente, a retracé en termes inoubliables les hauts faits de nos camarades les Chasseurs du 8ᵐᵉ Bataillon et les Hussards du 2ᵐᵉ Régiment. M. le Maire d'Oran en a fait aussi un récit fidèle et complet. Je n'y reviendrai pas.

» Qu'il me soit seulement permis d'exprimer ici un vœu, de formuler même une prière à M. l'administrateur du territoire et à M. le Maire de Nemours.

» Tous nos camarades, en succombant les uns après les autres dans une lutte inégale, en se sacrifiant héroïquement les uns pour les autres, plutôt que de se rendre, ont donné un sublime exemple de camaraderie de combat...

» Oui, Messieurs, ils ont lutté et souffert ensemble, Chasseurs d'Orléans et Hussards de Chamborant ; ils ont versé ensemble leur sang pour la Patrie : que leurs ossements soient enfin réunis dans le même lieu, au Tombeau même des Braves, où un ossuaire est préparé pour les recevoir ! »

Pris alors d'une indicible émotion, empoigné aussi par le spectacle de cette foule recueillie, je me tourne alors vers le Tombeau et je termine ainsi :

« Mes chers camarades, vous nous avez montré comment il fallait mourir pour sauver l'honneur, et, si la France faisait appel à notre dévouement, elle nous trouverait encore prêts pour tous les devoirs, pour tous les sacrifices ! »

Je salue militairement et je reprends ma place à la droite de la délégation du 8me Bataillon et de tous les officiers sans troupe : « Vive l'Armée ! Vive la France ! » crie frénétiquement la foule...

M. Ducommun, maire de Nemours, prend la parole à son tour : « Il s'associe, dit-il, à la patriotique manifestation d'aujourd'hui, il est heureux au nom de la population de Nemours, de rendre hommage aux héroïques combattants de Sidi-Brahim, mais il regrette en même temps, que le monument élevé à Oran, n'ait pas été placé à Nemours, où se sont déroulés les derniers épisodes du combat de Sidi-Brahim !... »

On accrocha ensuite la couronne de la municipalité et les préparatifs pour le défilé commencèrent immédiatement. Il eut lieu en colonne par section, avec un entrain et une correction, qui furent très remarqués. En troupe, le costume de zouave produit un grand effet, il est très étoffé et très artistique.

La première partie de la cérémonie était terminée. Nous remontâmes à cheval et partimes sous la direction du capitaine Roux pour visiter d'abord le ravin des Ouled-Ziri. A peine l'Oued-Mella, qui coule au fond de ce ravin, laisse-t-il apercevoir un mince filet d'eau ; mais il n'en fallut pas davantage pour tenter nos camarades et les amener, le 26 septembre 1845, dans un guet-apens mortel...

Les flancs de ce ravin sont extrèmement escarpés, et il fallait que nos devanciers eussent de solides jarrets pour lutter et combattre dans un pays pareil, où la roche affleure le sol, où les sentiers même tracés sont pour ainsi dire impraticables.

AU MARABOUT DE SIDI-BRAHIM.

HÉROISME DU CAPITAINE DUTERTRE

(D'après le tableau de M. Alphonse CHIGOT, peintre militaire à Valenciennes, Nord.)

Nous nous écartons un peu de l'itinéraire suivi par la colonne de Montagnac, le 21 septembre 1845, pour gagner directement le marabout de Sidi-Brahim où se concentra la résistance de nos camarades pendant trois jours pleins, du 23 au 26 septembre 1845 !

La Koubba où repose le marabout de Sidi-Brahim, corruption de Sidi-Abraham, paraît-il, est située dans la plaine des Souhalias, large dépression au sud de Nemours, près de la frontière du Maroc. D'une blancheur éclatante, elle attire le regard et l'on conçoit très bien l'attraction qu'elle a exercée sur les chasseurs de Géreaux et de Chappedelaine, échappés aux précédents massacres.

Après avoir laissé souffler les chevaux pendant dix à quinze minutes, le commandant Chiché donna l'ordre du départ pour le monument de Montagnac.

Ce monument est une pyramide quadrangulaire, élevée sur une croupe très prononcée qui domine l'horizon, vers le sud-ouest de la Koubba de Sidi-Brahim. On traverse, pour y arriver, un bois clair, semé de taillis et de broussailles, et l'on passe auprès du palmier historique, où Abd-El-Kader, vaincu à son tour, se présenta, le 23 décembre 1847, pour faire sa soumission au général de Lamoricière, qui l'attendait à Nemours; mais nous avions hâte d'arriver au monument de Montagnac et nous ne fîmes que passer...

Grand fut notre étonnement, en descendant de cheval, de trouver réunis, au pied même du monument, tous les officiers du Cercle militaire de Lalla-Marghnia, tous les caïds du territoire et un peloton de spahis, venus là pour rehausser l'éclat de la cérémonie !

Je me fis immédiatement présenter au Commandant du Cercle militaire et à tous les officiers que je n'avais pas vus la veille, à Lalla-Marghnia et je demandai aussi à serrer la main aux caïds.

Le Capitaine des Bureaux arabes me fit remarquer que

j'étais alors un personnage officiel, et que pour bien accentuer le caractère de ma mission, il était préférable que les caïds me fussent présentés par l'interprète. Je me rendis à cette observation et j'attendis.

Quand tous les caïds furent réunis et alignés, je passai devant chacun d'eux, je leur dis un mot aimable et je leur serrai la main. Il faut voir avec quelle gravité ils portent la main que vous leur avez serrée, à leurs lèvres puis sur leur cœur, en saluant : quelle dignité aussi dans tous leurs gestes !...

Cependant, le dernier caïd ne paraissait pas répondre aussi franchement à mon étreinte amicale que ceux qui l'avaient précédé, et je crus devoir en faire la remarque.

Pourquoi, dis-je à l'interprète, le caïd ne me serre-t-il pas la main comme ses camarades ? Aurait-il conservé quelque rancune contre la France ? Il me semble cependant qu'entre adversaires généreux et chevaleresques comme des Arabes et des Français, il ne doit y avoir place aujourd'hui pour aucun sentiment de haine ou de rancune.

L'interprète traduisit aussitôt et le caïd protesta immédiatement de ses sentiments dévoués. « Que la volonté d'Allah soit faite ! » ajouta-t-il comme conclusion de cet incident.

Mais je n'étais pas libre encore et, toutes les présentations terminées, mon camarade des bureaux arabes et le commandant supérieur m'engagèrent à prendre la parole, au pied même du monument, pour clore officiellement la cérémonie.

La Municipalité de Nemours, qui devait venir déposer une couronne, n'était pas encore arrivée, et je faisais tous mes efforts pour gagner du temps ; mais enfin, vers onze heures, je dus m'exécuter pour ne pas trop retarder le retour de la caravane à la Koubba de Sidi-Brahim, où Mmes Chiché et de Vialar avaient organisé une diffa en notre honneur : « Messieurs, dis-je, la délégation du 8e Bataillon de Chasseurs, venue de France pour assister, le 18 décembre, à Oran, à l'inauguration du monument élevé à la gloire de ses aînés, a considéré comme un pieux devoir de pousser jusqu'à Nemours, et de visiter les lieux mêmes du combat de Sidi-Brahim. Ici, Messieurs, se sont accomplis les hauts faits de nos camarades. Ici, nos illustres vaincus nous ont donné un sublime exemple de dévouement à la Patrie, en luttant jusqu'à la mort plutôt que de se rendre !...

» Merci, Messieurs, d'avoir si bien compris le but de notre pèlerinage, et d'être venus si nombreux de Lalla-Marghnia et des environs, pour rehausser l'éclat de cette manifestation patriotique.

» Au Tombeau des Braves, où nous avons déposé une couronne, nous avons déjà rendu hommage à tous nos camarades morts au champ d'honneur. Ici, au pied du monument de Montagnac, je ne puis pousser qu'un double cri, qui résume bien nos aspirations communes : Vive la France! Vive l'Algérie ! »

« Vive la France ! » répétèrent tous les assistants, et aussitôt après, on nous servit une absinthe d'honneur dans des gobelets de fer battu. Les spahis apportèrent leurs outres pleines d'eau avec des bouteilles d'absinthe, et nous trinquâmes de grand cœur, on peut le croire, à la prospérité de la France, à l'avenir de l'Algérie. Je bus, moi, une dernière fois, à la camaraderie d'Afrique, à l'union intime, absolue, de toutes les troupes, et le commandant Chiché donna le signal du retour.

Au palmier d'Abd-El-Kader, nous rencontrâmes le maire et deux délégués à cheval, suivis d'un mulet porteur des couronnes. Il s'excusa de n'avoir pu arriver plus tôt, et moi je lui exprimai tous nos regrets d'avoir dû quitter le monument de Montagnac, avant que la délégation du conseil municipal y fût arrivée, car j'aurais été personnellement heureux de m'associer à la manifestation de la municipalité.

Au palmier d'Abd-El-Kader, je fis une pause, voulant emporter un souvenir matériel de mon passage. Un sous-brigadier des Douanes, M. Raffi, s'était offert pour me cueillir une palme et j'acceptai avec reconnaissance.

La course au galop reprit ensuite de plus belle vers le marabout de Sidi-Brahim.

Sous une tente en étoffe très riche de soie rayée de bandes vertes et jaunes était disposée une table, mais ceux qui désiraient observer la couleur locale pouvaient se coucher sur des tapis étendus sur le sol et manger à la façon arabe.

Ma dignité me retenait à la table, mais il ne m'aurait pas déplu de manger par terre ; au contraire. On servit le méchoui, le tadgin et le couss-couss.

Le méchoui, qui est un mouton entier rôti en plein air et aromatisé, me parut succulent.

Le tadgin, volaille fortement pimentée, me parut moins bon. Quant au couss-couss, espèce de gâteau de riz et de semoule, il me sembla aussi de goût très ordinaire.

Les vins étaient exquis et le moka délicieux ; mais tout en mangeant, je regardais la tente et j'étais surpris d'y voir représentées des mains ouvertes en étoffe rouge. C'est, paraît-il, un fétiche arabe : la main de Fatma, la fille préférée du prophète, qui étend sa protection sur les tentes de ses fidèles...

Après le repas eut lieu la visite détaillée du marabout. M. le lieutenant Ravet, du 2e Zouaves, poussa même l'amabilité jusqu'à vouloir prendre une photographie de tous les convives et des sous-officiers de la Délégation du 8e Bataillon de Chasseurs au pied du monument.

Autour de la tente était un véritable campement arabe ; nos chevaux étaient entravés et attachés à la corde comme en campagne. Je retournai alors au marabout, où l'on m'appelait pour assister à la remise d'une couronne offerte par les ponts et chaussées, mais j'expliquai au gardien indigène, par l'intermédiaire de M. de Vialar, qui voulut bien me servir d'interprète en cette circonstance, que le 8e Bataillon de Chasseurs enverrait, non pas une couronne, mais une plaque en marbre noir avec inscription en lettres d'or, en souvenir de la visite de sa Délégation, et je lui demandai de la faire respecter comme le Marabout lui-même qui repose dans la Koubba.

— Certainement, me fit-il répondre, tant que les Français respecteront notre Marabout, nous respecterons le souvenir de ton Bataillon. D'ailleurs, les Arabes eux-mêmes ont reproché sa cruauté à Abd-El-Kader, et ils sont convaincus qu'il a été malheureux parce qu'il a fait décapiter ton camarade avec une barbarie indigne d'un grand chef comme lui.

— De quel camarade parles-tu ?

— D'un capitaine comme toi, qu'il a envoyé au Marabout et qu'il a fait ensuite décapiter près d'ici.

— Dutertre ?

— Oui, Dutertre.

— Eh bien ! c'est entendu, j'enverrai une plaque de marbre et tu veilleras à ce que personne ne la dégrade.

Il s'inclina en signe d'assentiment et nous partîmes.

Dehors, un employé des Ponts et Chaussées m'attendait pour m'offrir un petit bloc d'onyx qu'il venait de trouver dans une carrière à proximité du marabout ; ce bloc, qui est un cube à peu près parfait de 0 m. 15 de côté, je l'ai emporté avec le plus grand soin et je le conserve chez moi précieusement.

J'ai fait polir et graver sur une des faces, en lettres d'or, l'inscription suivante :

SIDI-BRAHIM

1845

Koubba — 24 Décembre 1898

Enfin un gendarme m'offrit encore quatre palmes arrachées au palmier d'Abd-El-Kader ; deux de ces palmes ont été déposées à la salle d'honneur du 8ᵐᵉ, les deux dernières, remises par moi, au sergent-major Delawarde et au caporal Fourquez, ont été données par eux à la salle de lecture des sous-officiers du 8ᵐᵉ. C'est ainsi que se fixent les souvenirs.

Je n'ai conservé personnellement que la demi-palme arrachée devant moi par M. Raffi, sous-brigadier des douanes et l'ai mise dans ma panoplie.

J'ai aussi reçu d'un photographe, M. Lafaye, quelques vues de Nemours et des monuments de Sidi-Brahim.

A 5 heures du soir, nous faisions notre rentrée à Nemours. Nous eûmes à peine le temps, M. Brugère et moi, de changer de tenue et d'aller faire, avant le dîner, une visite de digestion à Madame Chiché, qui nous avait reçus si aimablement la veille.

A 7 heures nous devions dîner avec nos camarades du 2ᵉ zouaves, et, à 9 heures enfin devait avoir lieu une réception au Cercle militaire de Nemours.

M. le Maire de Nemours avait été invité et voulut bien prendre de nouveau l'engagement de faire toutes les démarches nécessaires pour rassembler dans l'ossuaire du Tombeau des Braves les ossements aujourd'hui trop disséminés de nos camarades.

Cette réunion, aussi cordiale que possible, prit fin à onze heures. J'accompagnai M. le Commandant Chiché jusqu'à son domicile personnel, et après l'avoir encore remercié de tout ce qu'il avait fait pour nous faciliter notre mission et en rehausser l'éclat, je pris congé de lui.

La journée du 24 décembre 1898 était terminée ; mais elle laissera dans mon cœur de soldat un souvenir ineffaçable ! Jamais je ne me suis si bien senti en communion parfaite avec tous ceux dont j'étais chargé de célébrer la mémoire.

25 Décembre 1898

Départ de Nemours à 7 heures du matin, après avoir pris le café à la popote des officiers du 2me Zouaves. Deux camarades nous accompagnent jusqu'au tombeau, assez mal entretenu, du Lieutenant-Colonel de Montagnac.

Notre équipage, qui s'était rendu isolément à la sortie de la ville, nous attendait au pied du coteau, sur la route.

Notre visite terminée, nous fîmes nos adieux aux officiers et sous-officiers du 2me Zouaves et nous partîmes au grand trot dans la direction de Nedromah.

Nous revîmes en passant le Tombeau des Braves et nous nous éloignâmes définitivement de cette contrée si pleine de souvenirs cruels mais glorieux.

A Nedromah nous étions gelés, quand la berline décrivit une courbe pour s'arrêter devant l'hôtel de l'Administrateur. Monsieur, Madame et Mademoiselle de Vialar nous attendaient pour nous offrir le chocolat de l'amitié.

La réception fut aussi aimable et touchante que possible. On sentait que M. l'Administrateur et sa Famille étaient réellement heureux de recevoir, au passage, la délégation du 8me Bataillon de Chasseurs.

M. de Vialar nous montra ensuite l'étendard du Marabout de Sidi-Brahim, qu'il avait trouvé à la Koubba et avait rapporté chez lui, pour en assurer la conservation.

C'est une relique musulmane que M. le Lieutenant Brugère voulut bien photographier.

J'aurais désiré que l'étendard fût tenu entre le sergent-major et le caporal, par le gardien civil de la résidence de Nedromah, mais on préféra isoler le gardien, afin de conserver la couleur locale à la photographie.

Le sergent-major ayant exprimé le désir d'acheter un bâton sculpté, afin d'emporter un souvenir de Nedromah, Monsieur l'Administrateur offrit une matraque superbe, à chacun de mes subordonnés, et à moi, un stick fort bien travaillé.

Quant à M. le lieutenant Brugère, qui était déjà nanti d'une matraque, il n'emporta rien de cette hospitalière maison.

Enfin, à 9 heures 1/2, notre équipage se remit en route vers Lalla-Marghnia. Le froid était encore intense et gâta le plaisir que nous éprouvions de parcourir à nouveau un pays si pittoresque, si intéressant et si propre à une guerre de chicane.

Il était midi environ quand nous débouchâmes sur la place de Lalla-Marghnia.

Tous nos camarades s'étaient réunis à l'*Hôtel de France* pour nous recevoir, une dernière fois, à l'algérienne. J'avoue que j'étais très ému, empoigné d'une cordialité si grande, et que je ne pus que boire à l'armée d'Afrique, au maintien de ses traditions et de ses gloires !

On fit alors venir le caïd des Beni-Bou-Saïd, El Hadj ben Ahmed ould si Laredj, officier de la Légion d'honneur, qui avait témoigné le désir d'être reçu par le chef de la Délégation, et je pus m'entretenir quelques instants avec lui. Il faisait partie des réguliers d'Abd-el-Kader, au moment du combat de Sidi-Brahim, et aurait pu me donner des détails vécus sur la fin de la lutte ; mais il prétendit n'avoir pris aucune part active au massacre des nôtres, et j'aurais eu mauvaise grâce à insister.

Je me bornai donc à lui souhaiter bonne santé et bonne chance, puisqu'il est maintenant au service de la France, et lui serrai la main.

Lalla-Marghnia est un marché important, où viennent s'approvisionner les Marocains, mais n'offre au visiteur aucun monument remarquable.

Trois heures allaient sonner ; il nous restait encore 54 kilomètres à parcourir pour rentrer à Tlemcem avant la nuit. Je dus, à regret, donner l'ordre de départ.

Nos camarades nous recommandèrent de nous méfier des voleurs et de ne rien laisser à leur portée en dehors de la voiture ; nous nous criâmes encore une fois adieu, au revoir, et nos chevaux prirent le trot.

La réception de nos camarades de Lalla-Marghnia laissera dans mes souvenirs quelque chose de particulièrement touchant ! Je ne crois pas qu'on puisse faire mieux, même sur la terre d'Afrique, où l'on fait pourtant bien les choses.

De Lalla-Marghnia à Tlemcem, rien à signaler si ce n'est la traversée toujours impressionnante des ruines de Mansourah, surtout par un beau clair de lune.

A 8 heures, notre équipage s'arrêtait devant l'Hôtel de France...

J'aurais voulu pouvoir prolonger mon séjour à Tlemcem ; mais M. Brugère, pressé de rentrer en France, me détermina à partir dès le lendemain matin, par le train de 6 heures 5, pour arriver à Oran à 11 heures 18.

Nous revîmes en passant les cascades de la Saf-Saf, et bientôt Tlemcem disparut à nos yeux pour toujours... peut-être !...

26 Décembre 1898

Dans l'après-midi du 26, la Délégation officielle fait ses visites d'adieu aux généraux de Ganay et Mauduit, à l'aumônier et au sous-intendant militaires, ainsi qu'à quelques personnalités qui nous avaient témoigné une particulière bienveillance. Nos dernières visites furent pour le colonel, le lieutenant-colonel et le major du 2e zouaves, dont nous avions reçu un accueil parfait et vraiment militaire, pendant tout notre séjour à Oran.

Le 2me zouaves et le 8me bataillon de chasseurs n'étaient pas, d'ailleurs, des inconnus l'un pour l'autre. A Frœschviller, ils avaient combattu ensemble et avaient été aussi éprouvés l'un que l'autre ; et, si le 8me bataillon pouvait justement s'enorgueillir des héros de Sidi-Brahim, le

2me zouaves pouvait, avec non moins de raison, rappeler à tous sa brillante conduite à la bataille de Solférino. Là, les zouaves avaient successivement tenu tête à la cavalerie, gardé et servi des canons, creusé des tranchées et enfin éteint des incendies !

C'est tout simplement merveilleux et je souhaite à tous les régiments de France de pouvoir en faire autant, à l'occasion.

Vivent les chacals !

Le soir, je dînai encore avec les capitaines du 2me zouaves et le lendemain, 27 décembre 1898, à 9 h. 45 du matin, nous quittâmes définitivement Oran pour Alger.

M. Gobert, maire d'Oran, avec une amabilité parfaite, était venu sur le quai pour nous serrer une dernière fois la main et nous remercier de notre concours.

Ainsi se termina la mission officielle de la Délégation du 8me bataillon de chasseurs.

DEUXIÈME PARTIE

Pose d'une plaque commémorative au Marabout de Sidi-Brahim

Toutefois, le 14 avril 1899, la garnison de Nemours, sous les ordres de M. le commandant Chiché, alla au marabout de Sidi-Brahim pour assister à la pose de la plaque commémorative, offerte par la Délégation et tous les officiers, sous-officiers, caporaux et soldats du 8ᵉ Bataillon de Chasseurs.

Cette plaque, dont l'exécution fut assurée par un de mes amis, que j'avais retrouvé sur la terre d'Afrique, après 20 ans de séparation, M. Evariste Flahaut, ingénieur-architecte à Oran, a été fixée sur le mur ouest de la Koubba et porte l'inscription suivante :

SIDI-BRAHIM. — 1845

Hommage du 8ᵉ Bataillon de Chasseurs
à ses héroïques camarades.

Délégation. — 24 Décembre 1898.

M. le commandant Chiché, avant de quitter le marabout, rappelle à tous ses subordonnés l'exemple des combattants de Sidi-Brahim, et leur dit en terminant : « Il n'est pas toujours facile de vaincre, mais il est toujours possible à des soldats dévoués de mourir pour vaincre. C'est par le mépris de la mort qu'une troupe acquiert toute sa valeur. »

Ces paroles, dit l'*Écho d'Oran* du 14 avril 1899, auquel nous empruntons ces détails, impressionnèrent vivement tous les zouaves.

Restait une dernière sanction à la mission, dont je m'étais chargé en allant à Nemours : la translation des ossements de nos camarades à l'ossuaire du Tombeau des Braves, conformément au vœu que j'avais formulé, expressément, publiquement, le 24 décembre 1898, devant ce Tombeau ; et, coïncidence curieuse, j'appris à Senlis, dans la maison même où Dutertre avait fait ses études, que cette cérémonie devait avoir lieu quelques jours plus tard.

TRANSLATION DES OSSEMENTS DES HÉROS DE SIDI-BRAHIM
au Tombeau des Braves

La Translation des Cendres des Héros de Sidi-Brahim a donné lieu à une imposante manifestation. Nous en empruntons encore le récit à l'*Écho* et à la *Semaine Religieuse d'Oran*, ainsi qu'à des lettres particulières.

23 Mai 1899. — L'église de Nemours avait été décorée avec un goût parfait. Des trophées de drapeaux et d'armes, des guirlandes de verdure, avaient été disposées à l'intérieur ; sur des écussons étaient inscrits les numéros des corps qui avaient combattu à Sidi-Brahim : *2*me *Hussards, 8*me *Bataillon de Chasseurs*. Au-dessus de la porte d'entrée, entourée de feuillages, de palmes et de lis, se détachait une banderolle avec la dédicace suivante : *Aux Héros de Sidi-Brahim*.

Il est six heures et demie du soir. Les cloches tintent le glas funèbre. M. le curé Mihioud se dirige vers le vieux cimetière, situé aux portes de la ville, bénit les ossements des héros de Sidi-Brahim, renfermés dans un cercueil, recouvert d'un grand drapeau tricolore. Tout Nemours, sans distinction de religions et de nationalités, est là. Le moment est solennel. Le cortège se met en marche dans la direction de l'Église.

La musique du 1er Bataillon du 2me Zouaves joue la marche funèbre de Chopin ; elle est suivie d'une compagnie de Zouaves.

Le deuil est conduit par M. le Commandant Chiché, M. Mongrelet, adjoint, remplaçant le maire, malade, et de nombreux officiers de Nemours et des garnisons voisines.

3

L'émotion est grande parmi tous les assistants, et chacun est heureux de voir enfin donner une sépulture, digne d'eux, aux combattants de Sidi-Brahim !

L'église est bondée quand le cortège y arrive. Le cercueil est déposé sur un catafalque où il passera la nuit, sous la garde de sous-officiers de la garnison.

24 mai 1899. — A 6 heures 45 du matin, le glas funèbre se fait entendre et appelle les habitants à la patriotique cérémonie. A 7 heures, les troupes arrivent et s'alignent dans l'église, de chaque côté du catafalque. La municipalité, le corps consulaire et toutes les notabilités prennent place à droite ; tous les officiers à gauche. La cérémonie, présidée par Mgr Cantel, évêque d'Oran, commence. La musique du 1er Bataillon de Zouaves fait alterner ses morceaux avec les chants religieux. L'exécution est irréprochable.

Enfin, Monseigneur monte en chaire et prononce une éloquente allocution, que nous pouvons résumer ainsi :

« Messieurs les Officiers et Soldats,
» Mes très chers Frères,

» Je bénis la divine Providence qui a fait coïncider notre visite pastorale avec cette auguste et touchante cérémonie. Je vous remercie de m'avoir demandé d'y prendre part et d'avoir pensé que l'hommage rendu aux Héros de Sidi-Brahim ne pouvait être complet, véritablement digne d'eux, que si la religion y était associée et venait faire planer sur les grands souvenirs, les espérances immortelles.....

» Honneur à vous, généreux habitants de Nemours !...

. . . .

» *Sidi-Brahim !...* Est-il besoin de redire cette épopée sublime, cette lutte contre un ennemi trente fois plus nombreux, lutte soutenue pendant quatre jours, tenace, obstinée, indomptable ? Est-il besoin de rappeler l'abnégation magnanime des chefs, la grandeur d'âme des soldats : la mort ne se lassant pas de frapper parmi eux et les survivants ne se lassant pas de combattre, sans pain, sans repos, sans trève, n'ayant qu'une seule pensée : être dignes du Drapeau, être dignes de la France ?... Tous ces détails sont gravés dans vos mémoires. Qu'il me suffise d'affirmer que chez aucun peuple, ni dans les temps anciens, ni dans les temps modernes, rien de plus beau ne s'était vu, et qu'un tel fait d'armes suffit pour illustrer une armée !...

» Cette vaillance, cette ténacité, cet héroïsme ont des racines profondes qu'il ne faut pas ignorer. Nos braves s'étaient formés dans la discipline, dans l'obéissance. Ils avaient longuement endurci leurs corps à la fatigue, accoutumé leur âme à ne pas craindre la mort. L'honneur, le drapeau, la Patrie, étaient pour eux un culte sacré. Un seul mot résumait toute leur vie : le devoir !... Aussi, lorsqu'un jour, pour eux, le devoir a été l'héroïsme, ils se sont trouvés prêts.....

» Et maintenant, je ne prononcerai plus qu'une seule parole, la parole de la sainte liturgie, la parole de l'Eglise : *Qu'ils reposent en paix ! Requiescant in pace !*

» Que leurs âmes habitent dans la paix, dans la félicité infinie de Dieu, qui les a reçues, qui les a couronnées ! Que leurs ossements glorieux réunis dans le monument élevé par le souvenir, par l'affection, par l'admiration de leurs frères d'armes, reposent en paix, sous la garde de la Croix et du Drapeau de la France !... Ainsi soit-il ! »

Après les prières de l'absoute, l'immense cortège se déroule hors de l'église ; le cercueil est déposé sur un corbillard improvisé et recouvert de feuillages et de fleurs. Il est neuf heures quand il arrive au Tombeau des Braves.

Le cercueil est descendu dans la crypte au milieu d'un recueillement profond. Mgr Cantel donne les dernières bénédictions, dit les dernières prières, et M. le Commandant Chiché rend, à son tour, un suprême hommage aux Héros de Sidi-Brahim, remercie le clergé et la population d'avoir bien voulu s'associer à cette patriotique manifestation, et demande à tous ses subordonnés d'en conserver le souvenir !...

Mgr Cantel répond encore qu'il est très heureux et très fier d'avoir pu participer à cette touchante cérémonie ; puis M. Mongrelet, adjoint au maire de Nemours, rappelle que quelques jours après les fêtes d'Oran, c'est-à-dire le 24 décembre 1898, la Délégation du 8e Bataillon de Chasseurs à pied, venue pour visiter Nemours, déposer une couronne au Tombeau des Braves et parcourir le champ de bataille de Sidi-Brahim, avait demandé au Maire de Nemours et à l'Administrateur de Nedromah d'autoriser la translation des cendres de tous les combattants de Sidi-Brahim au Tombeau des Braves, et que M. le Maire, aujourd'hui empêché par la maladie, avait pris l'engagement de donner satisfaction à la touchante requête de M. le Capitaine Caffier, dans le plus bref délai possible. « Aujourd'hui, ajoute-t-il, grâce au précieux concours de toutes les autorités militaires et civiles, grâce à la présence de Mgr l'Évêque d'Oran, la cérémonie a pu s'accomplir en grande pompe. Merci donc à tous ceux qui y ont pris part ! »

La cérémonie est terminée. Les troupes défilent devant le Tombeau des Braves, aux sons d'une marche guerrière, et la foule se retire, elle aussi, très émue, par cette manifestation imposante.

> Nobles aïeux, reposez-vous !
> Dormez dans vos couches austères !
> La France peut compter sur nous :
> Les fils seront dignes des pères !...

UNE FÊTE A SENLIS

A la mémoire de Dutertre

Enfin, j'ai pu assister le 15 mai, à Senlis, au collège de Saint-Vincent, à une fête en l'honneur du capitaine Dutertre, un ancien élève, et il me paraît nécessaire, pour clore dignement ce journal, de raconter, avec quelques détails, cette nouvelle manifestation du patriotisme le plus pur !

Délégué par mon ancien Commandant, M. le lieutenant-colonel Feuchère, et par mon nouveau Chef de Bataillon, M. le commandant Moissenet, pour représenter encore le 8ᵉ Bataillon à cette fête scolaire, avec le sergent-fourrier Fourquez et le chasseur Méteil, j'ai éprouvé pendant quelques jours les émotions les plus délicieuses et les plus vives...

Tout concourait, d'ailleurs, à rehausser l'éclat de cette cérémonie : la présence au Collège de mon vieil ami, M. Chigot, le peintre militaire — et de M. Anceaume, neveu du capitaine Dutertre !

Au déjeuner, qui précéda la séance académique, M. l'abbé Robin, Supérieur de l'établissement, souhaita la bienvenue à tous ses invités et trouva un mot aimable pour chacun d'eux.

Je répondis :

« MONSIEUR LE SUPÉRIEUR,

» Je suis extrêmement touché de vos paroles et fier d'être venu représenter le 8ᵉ Bataillon de chasseurs dans cette maison d'éducation, où le maréchal Canrobert et le général Ladmirault, pour ne parler que des plus glorieux, ont fait leurs études. Je ne m'étonne plus, dans ces conditions, du sacrifice héroïque accompli par Dutertre ; il y était préparé.

» Je bois donc à la prospérité du Collège, que vous administrez, pour qu'il continue de fournir à l'armée des jeunes gens vigoureux, animés des mêmes sentiments d'honneur, de dévouement et de patriotisme !... »

M. Anceaume ayant ensuite fait allusion à un projet, dont je lui avais parlé la veille, j'ai cru devoir ajouter à mon toast :

« Permettez-moi, Messieurs, de compléter la pensée de M. Anceaume.

» Je lui ai dit, en effet, que j'avais demandé à un ami d'enfance, M. Louis Danzel, de faire une campagne pour l'érection d'une statue à Dutertre, dans son pays natal, à Calais.

» Enfant du Calaisis comme lui, j'ai souffert de n'avoir appris qu'au régiment, et surtout depuis mon arrivée au 8e Bataillon de Chasseurs, l'histoire vraie de son sublime dévouement à la Patrie, et je voudrais le tirer de l'oubli où il est resté trop longtemps. Il y a là, il me semble, une injustice à réparer. Calais honore déjà les six bourgeois qui se sont dévoués pour sauver la ville après le siège d'Édouard III ; mais Dutertre mérite autant qu'eux sa statue.... Nous ferons tous nos efforts pour la lui faire obtenir ; nous ferons appel, dans ce but, à toutes les bonnes volontés, et nous aboutirons ! il faut l'espérer !... »

Le Supérieur se relève alors tout ému et me prie de compter sur son concours et celui de tous ses amis ou élèves pour cette œuvre de réparation. « Tous, ajoute-t-il, seront heureux de vous aider, Monsieur le Capitaine ! »

Tous confirmèrent, en effet, l'engagement de Monsieur

le Supérieur, et l'on passa de la salle à manger à la salle des conférences, où devait avoir lieu la séance académique.

Le programme, admirablement illustré par M. Chigot, avait été composé d'une façon parfaite, et l'exécution en fut irréprochable.

Le chant des Chasseurs, qu'accompagnait un orchestre d'élite, fut écouté debout et électrisa toute la salle.

Le drame épisodique de Sidi-Brahim, qui devait clore la séance, fut précédé d'un récit fort bien fait des premières années de la conquête de l'Algérie, d'une esquisse biographique du Capitaine Dutertre, et enfin d'un discours substantiel de M. le Supérieur.

Aussi la pièce de M. Emile Briet se déroula-t-elle au milieu d'ovations continuelles et telles que ceux qui y assistèrent en garderont l'impérissable souvenir. (*Journal de Senlis* du 21 mai 1899).

L'Institution de Saint-Louis, à Senlis, qui était sous le patronage des Chevaliers de Saint-Louis et sous la protection spéciale de Madame la Duchesse d'Angoulême, fut installée en 1816, dans les bâtiments de l'établissement des sœurs de la Présentation de Notre-Dame.

Les fils et petits-fils de titulaires de l'ordre de Saint-Louis (tous fils de militaires, puisque la décoration était exclusivement militaire), y étaient élevés gratuitement, au nombre de 300 environ et se préparaient aux écoles militaires.

C'est là que Dutertre fut envoyé pour se préparer à Saint-Cyr.

Il y étudia sérieusement, avec une ardeur soutenue. Il se savait pauvre et voulait arriver par son travail et par son intelligence à une haute situation dans l'armée.

Ses principaux condisciples furent le Maréchal Canrobert, les généraux de Failly, de Grandchamps, Nesmes, Desmaretz, Guyot de Lespars, tué à Sedan, en 1870,

Renault, tué au siège de Paris en 1870, et de Ladmirault, qui fut gouverneur de Paris.

Dutertre, admis à Saint-Cyr, le 17 novembre 1824, quitta l'établissement à cette date.

L'école ou institution des Chevaliers de Saint-Louis, à Senlis, disparut quelques années après 1830 (Lettre du lieutenant-colonel Durand, du 2me régiment d'infanterie ; voir, en outre, aux documents annexes) ; mais les locaux en ont été soigneusement conservés et constituent aujourd'hui encore une importante annexe de l'Institution Saint-Vincent, à Senlis.

INAUGURATION

du

Monument érigé à Calais

au

Capitaine Dutertre

et aux Enfants du Calaisis

Soldats et Marins

MORTS POUR LA FRANCE

Le 3 juillet 1904 eut lieu, à Calais, l'inauguration officielle dudit monument, élevé par le Souvenir Français, avec la coopération spéciale des Bataillons actifs de Chasseurs à pied, de la Réunion amicale des Officiers de Chasseurs à pied de la réserve et de la territoriale de la Seine et de l'Institution Saint-Vincent de Senlis, autrefois Saint-Louis, où Dutertre avait fait ses études.

La cérémonie, présidée par M. le général Sage, membre du Conseil d'administration central du Souvenir Français, eut un éclat extraordinaire, dont tous les journaux de la région se sont fait justement l'écho.

Toutes les parties du programme officiel des fêtes, que nous reproduisons aux pièces annexes à titre de document et pour en matérialiser le souvenir, y furent exécutées de façon irréprochable, avec un enthousiasme indescriptible.

Mais le clou de cette imposante cérémonie fut certainement le défilé de la Délégation du 8e Bataillon de Chasseurs à pied, sous les ordres directs de son chef, M. le commandant Bérot.

Quand elle passa devant le monument, aux sons entraînants de sa fanfare, le Drapeau des Chasseurs à pied flottant au vent, les applaudissements frénétiques de la foule indiquèrent bien que l'hommage particulier rendu à l'héroïque Dutertre allait droit au cœur des Calaisiens....

Le Comité national du Souvenir Français était aussi représenté à la cérémonie par son éminent secrétaire général, M. Niessen, qui a rappelé dans une vibrante allocution qu'autrefois les prétoriens pouvaient mourir pour un César, mais qu'aujourd'hui c'est pour la France, notre mère à tous, que se dévouent soldats et marins.

D'autres discours furent encore prononcés par M. le Commandant Beauquesne, président du Comité calaisien

du Souvenir Français ; par M. Basset, maire de Calais ; par
M. le Lieutenant-Colonel Gazères, commandant d'armes
à Calais et représentant du Ministre de la Guerre ; par
M. le Général Sage ; par les Commandants Bérot et Caffier,
le Capitaine Pinet, président des Vétérans, et enfin par
M. Chanson, président de la Société centrale des Naufragés.
Tous produisirent la plus grande impression sur l'assis-
tance.

Le monument de Calais, un des plus beaux de France,
se dresse aujourd'hui dans une emprise du parc Saint-
Pierre, sur le boulevard Jacquart, en vue du bassin
maritime.

Nous reproduisons ci-après notre discours, qui en donne
la genèse. Ce monument, construit tout en pierre d'Euville,
est érigé sur un plan carré. Le socle, surélevé de trois
marches avec bornes aux angles surmontées de couronnes
et de fleurs, est orné d'inscriptions mentionnant les guerres
et épisodes militaires de 1845, de 1870-71 et des expédi-
tions ultérieures, ainsi que les noms des héros tombés au
champ d'honneur. De ce socle, haut de deux mètres, s'élève
une pyramide avec base à écussons, dont deux à bas-reliefs
en bronze, symbolisant le Devoir et l'Humanité, c'est-à-
dire le dévouement à la Patrie, en cas de guerre, et le
sauvetage de nos semblables en toutes circonstances.

Sur le devant et assise sur la base de la pyramide, une
grande figure, casquée et drapée, personnifie la Vaillance
des Enfants du Calaisis morts pour la Patrie, s'appuyant
de la main droite sur une grande épée et posant la gauche
sur l'écusson aux armes de la ville de Calais.

Le haut de la pyramide se termine par un groupe :
« Le capitaine Dutertre couronné par la Gloire. » Une
figure ailée, d'une expression très sympathique, couronne
le héros de Sidi-Brahim à l'instant où il adjure ses cama-

MONUMENT DU SOUVENIR FRANÇAIS
A CALAIS.

ENSEMBLE DU MONUMENT
DE DUTERTRE ET DES ENFANTS DU CALAISIS.

rades du Marabout de se défendre jusqu'à la mort plutôt
que de se rendre.

La Commission organisatrice, présidée par M. le commandant Beauquesne, avait confié la direction de l'œuvre
à l'architecte lillois, M. D. Ghesquier, qui a pris comme
collaborateurs M. Maugendre-Villers pour la statuaire et
M. A. Deffrennes pour la mise en œuvre et le montage du
monument.

L'ensemble, d'une jolie silhouette et de style moderne,
dans ses profils, est très gracieux et fort agréable à l'œil ;
le ton de pierre blanche se détachant sur le fond vert des
arbres du parc est du plus heureux effet. Une grande
grille cintrée doit sous peu lui servir de cadre ainsi que
de clôture au jardin, situé en contre-bas du monument,
qui s'élève à l'alignement du boulevard et dans l'axe du
futur hôtel-de-ville. Les figures sont largement traitées et
d'un beau style ainsi que les deux bas-reliefs en bronze.

Une mention spéciale doit être attribuée à l'entrepreneur,
M. Deffrennes, qui est sorti tout à son honneur des grandes
difficultés de montage de ce monument, dont le sommet
atteint 13 mètres de hauteur et pèse environ 100.000 kilog.

C'est en somme une très belle œuvre, due surtout à
l'habileté et au désintéressement de MM. Ghesquier et
Maugendre, puisque ces deux artistes se sont contentés
d'une modeste gratification de 1.000 fr. pour leur travail
personnel.

La genèse du Monument

❧❧

DISCOURS

prononcé par le Commandant CAFFIER

A L'INAUGURATION

LE 3 JUILLET 1904

Le 2 décembre 1898, M. le Ministre de la Guerre, sur la demande de M. le Maire d'Oran, avait prescrit que le 2me régiment de hussards et le 8me bataillon de chasseurs à pied enverraient chacun une Délégation pour assister, le 18 décembre 1898, à l'inauguration du monument élevé, à Oran, à la mémoire des héros de Sidi-Brahim.

Étant alors capitaine-major du 8me bataillon de chasseurs à pied, je fus désigné pour commander cette délégation, composée d'un officier, d'un sous-officier et d'un caporal du 8me bataillon de chasseurs à pied (1).

Je fus amené ensuite, pour compléter ma mission, à visiter les lieux mêmes où s'illustrèrent les chasseurs d'Orléans et les hussards de Chamborant ; et, c'est au cours de ce voyage à travers l'Oranie que me vint l'idée de faire glorifier Dutertre dans son pays natal, à Calais.

Dutertre, Louis-Laurent-Charles-François-Hyppolite, est né, en effet, le 10 août 1807, à quelques kilomètres d'ici, à Coulogne,

---

(1) Lieutenant Brugère ; sergent-major Delawarde ; caporal Fourquez. Un lieutenant de réserve de chasseurs à pied, M. Brinquant, s'était aussi joint à la délégation, à Oran, le jour de l'inauguration.

en la maison de campagne de son aïeul maternel, M. Le Roy, ancien juge et alors membre du Conseil municipal de Calais.

Son père était capitaine de la Garde nationale à Calais.

L'acte de naissance de notre concitoyen, d'où nous tirons tous ces renseignements, est enregistré à la mairie de Coulogne et à la mairie même de Calais; c'est là que nous l'avons retrouvé avec le concours de M. Anceaume, neveu du héros.

Dutertre est donc bien un enfant du Calaisis et, à ce titre, mérite nos hommages particuliers ; mais Dutertre est aussi une gloire nationale, universelle même, car à travers les âges, chez aucun peuple, on ne trouve personne qui l'ait surpassé !

C'est devant le marabout de Sidi-Brahim, le 23 septembre 1845, que le capitaine adjudant-major Dutertre, du 8e Bataillon de Chasseurs, a accompli l'acte sublime qui lui vaut d'avoir enfin sa statue sur une place de Calais.

Blessé et tombé entre les mains d'Abd-El-Kader, il fut envoyé par lui au marabout pour engager les carabiniers du 8e Bataillon de Chasseurs, qui s'y étaient réfugiés, à cesser toute résistance, promettant de revenir se constituer prisonnier, s'il échouait dans sa mission.

Quand il revint, l'Émir lui demanda :

« Qu'as-tu obtenu ?

» Qu'ils mourraient tous plutôt que de se rendre, et c'est moi qui leur ai donné ce conseil, répondit le capitaine Dutertre, en le regardant avec une majestueuse fierté. »

Abd-El-Kader, furieux, le fit décapiter sur le champ par un de ses chaouchs.

Ces détails, que nous empruntons à l'étude de M. Courserant, sur le combat de Sidi-Brahim, caractérisent bien le geste du capitaine Dutertre et donnent toute leur valeur aux paroles gravées par l'Histoire sur ce marbre et sur le monument d'Oran : « *Camarades, ne vous rendez pas, défendez-vous jusqu'à la mort !* » (1).

Et cependant, la mémoire de ce nouveau Régulus était presque tombée dans l'oubli, quand un peintre de grand cœur

---

(1) Voir, en outre, aux documents annexes, le récit de la mort du capitaine, fait par des témoins oculaires.

et de grand talent, M. Alphonse Chigot, de Valenciennes, qui avait déjà exposé, au Salon de 1896, le combat de Sidi-Brahim, résolut, l'année suivante, de fixer aussi sur la toile, l'attitude héroïque du capitaine Dutertre devant le Marabout.

Ces deux tableaux, reproduits par la photogravure au 8me Bataillon de Chasseurs, nous furent d'un grand secours pour faire connaître à tous le Héros, né sur le sol calaisien.

M. Alphonse Chigot eut, en outre, l'idée généreuse de faire à ses frais, à Calais même, une exposition de ses tableaux et souvenirs algériens. Ancien chasseur, il avait comme nous le culte des héros de Sidi-Brahim et pensait qu'il parviendrait de la sorte à soulever l'opinion publique en faveur de notre œuvre ; la presse locale chercha aussi à nous venir en aide ; M. Henri Martrès, statulaire à Calais, avait enfin offert au Comité d'exécuter gratuitement un des bas-reliefs en bronze du monument, d'après le tableau de M. Alphonse Chigot : *L'Héroïsme du capitaine Dutertre à Sidi-Brahim*, mais toutes ces tentatives ne purent aboutir : Calais venait de traverser une crise industrielle très grave et les soucis matériels de l'existence absorbaient toute son attention.

Dutertre n'aurait-il donc jamais sa statue sur une place de Calais ?

Déjà, en 1846-47, il avait été question de lui élever un monument, soit à Calais, soit à Boulogne-sur-Mer, où sa famille avait vécu, son père y ayant obtenu, en 1817, un emploi dans l'administration des Douanes ; mais ce projet avait avorté.

Enfant de Calais, il me semblait qu'il y avait là une injustice à réparer et je résolus de nouveau d'y consacrer tous mes soins.

C'est alors que M. le Commandant Beauquesne (1) fut nommé Président de la Section calaisienne du Souvenir Français. Un ami commun, Louis Danzel (2), ayant appris qu'il voulait aussi honorer les soldats et marins du Calaisis, morts pour la France, depuis 1870, lui proposa d'associer nos efforts.

------

(1) et (2) M. le Commandant Beauquesne est décédé le 22 janvier 1905, et M. Louis Danzel, le 4 février 1905. J'eus le douloureux devoir de conduire leur deuil et de leur dire les adieux suprêmes, au cimetière de Saint-Pierre, à Calais même, où ils reposent.

MONUMENT DU SOUVENIR FRANÇAIS
A CALAIS.

DUTERTRE COURONNÉ PAR LA GLOIRE.
(GROUPE PRINCIPAL).

Le Commandant Beauquesne y consentit volontiers et je fis de même, à la condition toutefois que le Capitaine Dutertre aurait une place à part dans le monument du Souvenir Français, de manière à pouvoir y intéresser tous les Bataillons de Chasseurs.

Cette proposition fut ratifiée, en séance plénière, par le Comité, et M. le Ministre de la Guerre, dont je salue ici le représentant, ayant, par décision du 7 août 1901, autorisé les Bataillons de Chasseurs à pied à participer, sous les réserves d'usage, à notre souscription spéciale, l'œuvre entra enfin dans une voie de réalisation pratique.

Telle est la genèse du monument superbe qui se dresse aujourd'hui devant nous, et dont la belle ordonnance fait le plus grand honneur aux deux artistes qui l'ont conçu et exécuté : MM. Ghesquier et Maugendre.

Qu'il nous soit donc permis de remercier publiquement tous ceux qui nous ont encouragé dans notre initiative et particulièrement M. le commandant Beauquesne, le sympathique et dévoué Président du Comité, tous les membres du Comité et la municipalité de Calais, dont le concours, nécessaire, ne nous a jamais fait défaut.

Qu'il nous soit permis d'adresser encore nos remerciements personnels à tous nos anciens camarades des Bataillons actifs de Chasseurs à pied ; à la Réunion amicale des Officiers de Chasseurs de la réserve et de l'armée territoriale de la Seine, présidée par le commandant de Chambonas, l'auteur de l'*Ode à Dutertre,* et à la rédaction du journal *Le Chasseur à pied*, dirigée par le capitaine Wapler. Leur aide fut très utile. M. Albert Poucin, employé à la Mairie de Calais, a aussi publié, sur Sidi-Brahim, à l'occasion de l'inauguration du monument, des strophes lyriques d'une grande envolée. Ces strophes sont précédées d'une très intéressante notice sur la biographie du Capitaine Dutertre, par mon ami C. Landrin, archiviste de la ville de Calais.

Qu'il nous soit permis de mentionner spécialement aussi l'Institution de Saint-Louis, aujourd'hui Saint-Vincent, à Senlis, où Dutertre fut envoyé pour se préparer à Saint-Cyr.

Cette école a donné à la France des généraux dont plusieurs se sont fait un nom dans l'histoire.

Le culte de l'héroïque capitaine s'y est perpétué et des fêtes académiques, qui rappelaient celles d'Oran, y eurent lieu en son honneur, le 15 mai 1899.

Tous, professeurs et élèves, ont tenu à participer à notre souscription et à notre tombola complémentaire,

Qu'il nous soit encore permis d'adresser un souvenir ému au sergent Rigoulau, incorporé au 8ᵐᵉ bataillon de chasseurs, en 1845, et décédé à Bordeaux, en 1902, le 26 septembre, le jour même où, 57 ans auparavant, les derniers défenseurs du marabout, échappés au massacre des Ouled-Ziri, rentraient à Nemours.

M. Rigoulau, qui s'était élevé par son travail et son intelligence, était le Président-Fondateur de la Société de sauvetage du Sud-Ouest de la France et faisait des vœux ardents pour le succès de notre œuvre.

Je l'ai vu quelques semaines avant sa mort et je puis en témoigner.

Sa souscription personnelle est, d'ailleurs, une des plus importantes que nous ayons reçues.

Qu'il nous soit enfin permis de saluer encore le clairon de Sidi-Brahim, le chevalier Rolland, le modeste mais illustre vieillard, que nous aurions voulu posséder à cette fête du Souvenir.

Malheureusement, son grand âge lui interdit maintenant de quitter ses montagnes de l'Auvergne.

Il a cependant tenu, lui aussi, à nous envoyer sa souscription personnelle.

Le clairon Rolland est aujourd'hui l'unique survivant des combattants de Sidi-Brahim, de ceux qui ont pris une part effective à la défense des Carrés ou du Marabout, et nous avons eu le rare bonheur de l'avoir à nos côtés, aux fêtes d'Oran, les 18 et 19 décembre 1898.

Qu'il reçoive ici, du chef de la délégation d'Oran et de toute la population calaisienne, les témoignages de respect et d'admiration auxquels lui donnent droit sa bravoure légendaire et son ardent patriotisme ! (Voir *Rolland ou les aventures d'un Brave*, par J.-B. DE LAVAL).

Dutertre, en poussant les Chasseurs, qui défendaient le marabout de Sidi-Brahim, à une résistance désespérée, pour sauver l'honneur ; en revenant s'offrir au bourreau, pour ne pas manquer à la parole donnée, nous lègue un sublime exemple de sacrifice et de probité !

Conservons donc pieusement sa mémoire !

Honorons aussi tous ceux dont les noms sont gravés sur ce monument, tous ceux qui meurent pour la Patrie, car du sang généreusement versé par quelques-uns, dans un jour de bataille, peut surgir le salut de tous !

DOCUMENTS ANNEXÉS

8ᵉ Bataillon de Chasseurs à pied

ÉTAT DES SERVICES DU CAPITAINE DUTERTRE

Dutertre, Louis-Laurent-Charles-François-Hyppolite, né à Coulogne, canton de Calais (Pas-de-Calais), le 10 Août 1807, suivant acte de naissance enregistré à Calais même.

Entré à l'École spéciale militaire, le 17 novembre 1824 ;

Sous-Lieutenant au 32ᵉ de ligne, le 1ᵉʳ octobre 1826 ;

Lieutenant au 32ᵉ de ligne, le 20 août 1831 ;

Capitaine au 32ᵉ de ligne, le 24 octobre 1838 ;

Capitaine au 8ᵉ Bataillon de chasseurs, le 21 octobre 1840 ;

Capitaine adjudant-major au 8ᵉ Bataillon de chasseurs, le 3 mai 1841 ;

En Afrique, de 1841 à 1845 ;

Cité à l'ordre de l'armée, le 14 août 1844, à la bataille d'Isly ;

Coup de feu à la cuisse gauche, le 11 juin 1832, à Machecoul (Loire-Inférieure) ;

Chevalier de la Légion d'honneur, le 6 août 1843 ;

Tué sur le champ de bataille, le 23 septembre 1845, au combat de Sidi-Brahim.

On lit dans l'*Annuaire de Saint-Vincent*, École libre à Senlis (Oise), pour l'année 1904-1905, page 31, ce qui suit :

L'Institution Saint-Vincent comprend deux grands corps de bâtiment. L'un, appelé proprement Saint-Vincent, est l'abbaye monumentale de ce nom, devenue vers 1650, le premier collège de Génovéfains. L'autre, appelé Saint-Louis, fut consacré, sous la Restauration, à l'éducation des fils des Chevaliers de Saint-Louis.....

Le Maréchal Canrobert

par Germain Bapst.

Volume I, page 20..... « Mais ces distractions eurent leur fin et bientôt, il me fallut partir (c'est le Maréchal qui parle) pour Senlis, où était la maison des Chevaliers de Saint-Louis.

Cette Institution était sous le patronage du vieux prince de Condé. Le Conseil de surveillance comprenait le maréchal de Viomenil, vieux soldat de la Guerre de Sept ans, le maréchal Oudinot, les généraux de Biron et de la Galissonnière.

D'après la règle établie par ces hauts personnages, chaque Chevalier de Saint-Louis, sans se nommer, versait pour l'entretien de l'Institution, une somme proportionnée à ses ressources personnelles. Grâce à ces dons, les fils de ceux d'entre eux qui étaient sans fortune, recevaient une éducation conforme à leur position. Je trouvai dans cette pension des petits camarades de mon âge que j'eus l'occasion de rencontrer plus tard. C'étaient les futurs généraux de Ladmirault, Renault, Guyot de Lespart, Levassor-Sorval et de Granchamps. Il y en avait d'autres moins connus, comme de Ribens et du Tertre, ce dernier, le héros futur de Sidi-Brahim ».

MORT DU CAPITAINE DUTERTRE

D'après le récit écrit par Antoine, on trouve des détails précis sur la manière dont mourut le capitaine Dutertre devant le marabout de Sidi-Brahim. Ce récit, communiqué par la veuve d'Antoine en 1903, est écrit sur une feuille de papier de 47 cm. 1/2 de hauteur sur 31 cm. 1/2 de largeur.

On y lit *(orthographe respectée)* :

« Froment-Coste et Dutertre dirigeaient eux-mêmes les efforts de leurs soldats, mais malgrés leur courage héroïque, ils ne purent soutenir les positions, ils firent cependant rempart des assaillants qu'au nombre de 2000 entre les deux l'émir *(sic)* couvraient le camp de bataille. Leurs cartouches épuisées, mais à la bayonnette meurtrissaient les rapprochées ; Froment-Coste, Dutertre, Larasaye, lieutenant, Thomas, adjudant, et au nombre de 80 furent prisonniers. Dans le nombre plusieurs blessés priaient leurs camarades de les exécuter.

. . . .

(L'émir ayant envoyé deux lettres successives pour engager les défenseurs du marabout à se rendre) « une troisième fut renvoyez par le même Kabyle, on chassa l'arabe, et Dutertre criat qui falait mieux mourir que de se livrer entre les mains des boureaux ; vraiment, leurs bernoux ensanglantés démontraient en eux la victime de nos frères . . . .

Pour punir la parole de Dutertre il lui fit trancher la tête ; ces yeux et sa bouche ensanglanté elle fut élevée de nos cotés par un Kabyle qui raillait le courage de nos Français, mais pour punir ce barbare, quatre coups de feu furent tirer sur lui, et ont le tua sur le champ.

. . . .

(La feuille porte au bas : Ville de Nemours, le trente septembre dix-huit cent quarante-cinq.)

ANTOINE, Cl. Ch^{eur}.

Extrait d'une lettre adressée à M. Léon Dutertre, lieutenant au 11ᵉ Régiment de ligne, par Victor Michel, clairon au 8ᵉ Bataillon des Chasseurs d'Orléans :

Toulouse, le 10 Mars 1847.

Votre frère Capitaine adjudant-major a été devant le Marabout, nous a crié « de ne pas nous rendre que lui était déjà trop malheureux. » Nous lui avons répondu que nous nous rendrions qu'à la mort, alors l'émir l'a fait retirer sur le bord du ravin et nous disparut pour la dernière fois car nous étions enfermés.

Voilà, mon lieutenant, la vérité, toute la vérité, rien d'amplifié ; tous les détails peuvent être affirmés par Lavayssière, Langevin, Langlais, Lapparat, Tressy, Léger Delfieu et votre tout dévoué serviteur,

V. MICHEL.

Autre lettre adressée à M. Léon Dutertre, par M. Tropel, officier au même Bataillon :

MON CHER LIEUTENANT,

C'est avec douleur que je me vois obligé de vous avouer le malheur qui doit affliger votre cœur et qui a été pour l'armée une consternation ; il était aussi bon qu'il était vaillant ; il est mort, je puis vous l'assurer, mais mort sans reproche ; il fut malheureusement pris prisonnier le 23 Septembre, nous fûmes bloqués le même jour dans le marabout, lorsque le lendemain nous vîmes paraître votre frère accompagné de six arabes pour venir nous engager à nous rendre selon les ordres de l'émir, lorsque arrivé à distance du capitaine de Géreaux, il répéta les paroles du général Cambronne : « Un Français meurt mais ne se rend pas », ce qui fut cause de sa mort.

Je ne vous dirai pas quelle fut notre rage de ne pouvoir le venger.

Riez, le 19 Mars 1847. (Basses-Alpes.)

J.-Bᵗᵉ TROPEL,
Chevalier de la Légion d'Honneur.

Récit du journal algérien l' « Akhbar »

(Traduit dans le *Journal des Débats*, du 17 octobre 1845.)

A mesure que l'on connait mieux les détails du combat des Traras, les traits d'héroïsme qui se sont produits pendant cette catastrophe se manifestent en foule. Si quelque chose pouvait consoler de la mort de tant de braves gens, ce serait la manière glorieuse dont ils ont succombé devant l'immense supériorité du nombre.

Parmi plusieurs traits remarquables, voici un acte de courage et de patriotisme qui mérite d'être connu de tous.

M. le Capitaine adjudant-major Dutertre, du 8e Bataillon des Chasseurs d'Orléans, faisait partie du petit nombre de prisonniers tombés entre les mains de l'ennemi.

Abd-el-Kader, voyant qu'il ne pouvait pas forcer les héroïques combattants du Marabout de Sidi-Brahim, imagina de leur envoyer le Capitaine avec injonction de les décider à se rendre sous peine d'avoir lui-même la tête tranchée.

Le capitaine Dutertre s'approche, en effet, du Marabout, mais au lieu de faire ce que voulait l'émir, il crie à ses compagnons d'armes : « On me menace de me décapiter si je ne réussis pas à vous amener à mettre bas les armes, et moi, je vous exhorte à ne pas vous rendre et à mourir tous jusqu'au dernier, s'il le faut. »

Abd-el-Kader, furieux de voir que cette démarche était restée sans résultat, fit, en effet, décapiter le Capitaine Dutertre.

Régulus a conquis l'immortalité par un trait qui n'est pas plus beau que celui-ci.

Lettre adressée à M. Dutertre père, habitant Boulogne-sur-Mer, par le caporal Lavayssière.

Castelfranc, le 29 Août 1846.

Monsieur,

Je viens de recevoir votre lettre du 2 août dans laquelle vous désirez avoir une réponse concernant le massacre de

Sidi-Brahim et connaître les paroles de votre fils, capitaine au 8e Bataillon, envoyé par Abd-el-Kader.

Voici donc ce que je sais.

Le capitaine Dutertre est venu à deux cents mètres des murailles du Marabout, où nous étions. Nous l'avons reconnu en faisant des signes, parmi les balles et la fusillade. (Évidemment, le brave Lavayssière, qui maniait plus volontiers la carabine que la plume, a voulu dire : « Nous l'avons reconnu aux signes qu'il faisait, malgré les balles et la fusillade. ») Il continue ainsi :

Je n'ai pas compris ses paroles de suite; on nous poussa une charge de balles et il disparut à nos yeux.

Il y eut quelques soldats qui rapportèrent dans le marabout les paroles que vous trouverez en lisant ma lettre. Il fut dit, en effet, dans un instant que nous étions tranquilles *(sic),* même par Chappedelaine, lieutenant, qu'il disait — de ne pas nous rendre — et que tout le reste du Bataillon était perdu.

Je ne puis pas vous en dire davantage pour le moment. Si je puis vous être utile de quelque chose que je pourrais avoir oublié, je vais vous donner mon adresse.

J'ai l'honneur d'être votre serviteur.

LAVAYSSIÈRE, sergent.

Le caporal Lavayssière avait été, en effet, décoré, nommé sergent et armé d'une carabine d'honneur par le prince royal, après le combat de Sidi-Brahim.

Cette carabine a été envoyée au 8e Bataillon de chasseurs et à l'Exposition universelle de 1900, où elle a figuré dans les souvenirs rétrospectifs de l'Armée. Elle est actuellement entre les mains d'une fille de Lavayssière.

Lavayssière, originaire de Figeac (Lot), s'y retira et accepta l'emploi d'éclusier sur le Lot. Menacé de perdre la vue, il fut admis à l'Hospice des Quinze-Vingts, à Paris. Il y est mort le 4 juillet 1892 (1).

---

(1) Les lettres d'Antoine, de Michel, du Sous-Lieutenant Tropel, le récit du Journal algérien l'*Akhbar* et la lettre du Caporal Lavayssière ont été communiqués à l'auteur par M. Anceaume, neveu du Capitaine Dutertre.

Investissement du Marabout

La lutte se rapproche : Abd-el-Kader veut ou croit avoir raison de cette poignée de braves qui ne peuvent lui résister longtemps ; peut-être aussi est-il ému de la sanglante victoire qu'il vient de remporter.

Quoi qu'il en soit, il tente un dernier effort, échoue et se décide à envoyer en parlementaire, le capitaine Dutertre, lui faisant jurer de rapporter la reddition des carabiniers de Géreaux, sous peine d'être aussitôt décapité.

Dutertre s'approche du Marabout et de ses lèvres tombent ces paroles : « Mes amis, je suis chargé par Abd-el-Kader de vous dire de vous rendre ; je vais avoir la tête tranchée, si vous n'obéissez pas à cette sommation, et moi je vous dis : Ne vous rendez pas ! »

Dutertre venait de signer son arrêt de mort. Il fut exécuté quelques minutes plus tard sous les yeux de l'Émir.

Ce récit est extrait de l'étude sur le combat de Sidi-Brahim faite sur le terrain par le capitaine Fournié et le lieutenant Garçon, du 2ᵐᵉ zouaves.

Or, leurs renseignements, comme ils le disent eux-mêmes, proviennent des gens des Msirda, qui ont été spectateurs du combat.

Les Msirda forment une tribu aussi importante que celle des Souhalia, dont ils sont les voisins.

Ce récit a donc une très grande valeur documentaire.

Après tous ces témoignages, je crois qu'il ne doit plus subsister aucun doute sur l'héroïsme du capitaine Dutertre à Sidi-Brahim.

J'avoue cependant que j'ai été particulièrement heureux d'en trouver une nouvelle et dernière preuve dans le discours de M. le général Sage, qui a présidé l'inauguration du monument de Calais, le 3 juillet 1904.

J'extrais de son discours le passage suivant qui confirme l'épisode du Marabout :

« Au début de ma carrière, dit-il, encore jeune lieutenant au 1er régiment de tirailleurs algériens, et détaché au bureau arabe de Djemmaa-Ghazouet ou Nemours, j'entendais souvent parler du combat de Sidi-Brahim, relativement récent, de l'héroïsme du 8e Bataillon et des péripéties du drame qui s'était déroulé du 23 au 26 septembre 1845.

» Des indigènes du pays qui avaient été présents à ces événements et nous avaient combattus dans les rangs d'Abd-el-Kader, m'en racontaient les détails, et le nom de Dutertre revenant souvent dans leurs récits, son acte d'héroïsme et de dévouement à son pays, présenté par ses ennemis d'alors dans toute sa splendeur et sa simplicité, me touchait vivement ! ».....

MINISTÈRE DE LA GUERRE

HISTORIQUES DES CORPS DE TROUPE DE L'ARMÉE FRANÇAISE

1569-1900

(Paris, BERGER-LEVRAULT ET Cie, éditeurs.)

COMBAT DE SIDI-BRAHIM

Le 23 septembre 1845, une colonne composée de 350 hommes du 8e Bataillon de Chasseurs et d'un escadron du 2e Hussards, sous les ordres du lieutenant-colonel Montagnac, se trouve enveloppée à l'improviste par des forces arabes dix fois supérieures, commandées par Abd-el-Kader. Pendant trois heures, elle soutient la lutte avec une énergie désespérée ; mais, succombant sous le nombre, elle est presque entièrement détruite. La Compagnie de Carabiniers, restée en arrière à la garde des bagages, se retire dans le marabout de Sidi-Brahim, où elle tient pendant trois jours contre toutes les attaques. Enfin, à bout de vivres, elle essaie de se faire jour, mais elle succombe, accablée sous le nombre, à l'exception de 13 hommes qui sont recueillis par la garnison de Djemmaa-Ghazouat. Les officiers dont les noms suivent trouvèrent la mort dans les combats des 23, 24 et 25 septembre : Commandant Froment-Coste, adjudant-major Dutertre, capitaines Burgard, de Chargère, de Géreaux (carabiniers) ; les lieutenants de Raymond, de Chappedelaine (carabiniers) ; le sous-lieutenant Larrazet, le médecin aide-major Rosaguti.

Le Capitaine Dutertre, blessé et fait prisonnier au combat du 23, est envoyé par Abd-el-Kader devant le Marabout pour engager ses camarades à se rendre. Il a donné sa parole d'honneur qu'il ne chercherait pas à pénétrer dans la Koubba ; mais il sait qu'il aura la tête tranchée si les chasseurs ne se rendent pas. Le Capitaine Dutertre s'approche du Marabout, dit un dernier adieu au Capitaine de Géreaux, et crie aux chasseurs : « Mes camarades, ne vous rendez pas ; défendez-vous jusqu'à la mort ! » L'émir fit aussitôt couper la tête à l'héroïque officier.

Voir, en outre, *les Zouaves et les Chasseurs à pied,* par le Duc d'Aumale ; *Mes Souvenirs,* par le Général du Barrail, et *le Combat de Sidi-Brahim,* par Pègues. ex-sergent-fourrier au 8ᵉ Bataillon de Chasseurs.

L'Historique du 2ᵉ Régiment de Hussards, par le Colonel de Chalendar, rapporte aussi cet épisode et entre même dans de nombreux détails sur l'héroïsme du Capitaine Dutertre devant le Marabout de Sidi-Brahim.

Enfin, dans la *Revue d'Histoire,* rédigée à l'État-Major de l'Armée, nᵒ 49, de janvier 1905, on lit, page 102 : « Il ne reste plus au camp de Sidi-Moussa que le Capitaine de Géreaux et sa Compagnie de Carabiniers ; voyant la colonne anéantie, ils courent se réfugier dans l'enceinte du Marabout de Sidi-Brahim. Là, sans vivres, sans eau, sans abris, ils résistent pendant trois jours à tous les assauts ; le Capitaine Dutertre, fait prisonnier, est chargé par Abd-el-Kader de leur demander de se rendre ; il doit être décapité, s'il ne réussit pas : « Camarades, leur crie-t-il, défendez-vous jusqu'à la mort ! » et il tombe sous les coups de ses gardiens. » *(Sidi-Brahim,* par le Lieutenant Azan, détaché à la Section historique de l'État-Major de l'Armée.)

Contribution des Bataillons de Chasseurs
au Monument **Dutertre**, à Calais

Désignation des Bataillons	Montant de la souscription	Participation à la tombola	Billets demandés	Sommes reçues
1er	77 10	59 25	237	136 35
2e	42 00	15 00	60	57 00
3e	66 80	»	»	66 80
4e	70 30	20 00	80	90 30
5e	205 80	»	»	205 80
6e	42 00	44 00	176	86 00
7e	90 30	»	»	90 30
8e	93 70	75 00	300	168 70
9e	71 25	150 00	600	221 25
10e	124 25	»	»	124 25
11e	62 55	27 25	109	89 80
12e	104 50	»	»	104 50
13e	11 00	»	»	11 00
14e	33 65	57 00	228	90 65
15e	19 30	»	»	19 30
16e	49 95	130 25	521	180 20
17e	41 80	84 75	339	126 55
18e	»	103 25	413	103 25
19e	»	»	»	»
20e	38 60	31 00	124	69 60
21e	31 60	14 50	58	46 10
22e	107 05	11 00	44	118 05
23e	61 45	30 00	120	91 45
24e	45 85	40 00	160	85 85
25e	39 50	103 25	413	142 75
26e	126 05	100 00	400	226 05
27e	45 00	15 50	62	60 50
28e	54 20	72 75	291	126 95
29e	125 75	72 00	288	197 75
30e	13 00	20 00	80	33 00
Réunion amicale des Chasseurs de la Seine......	163 00	10 00	40	173 00
Institution Saint-Vincent, à Senlis.	200 00	75 00	300	275 00
Totaux...	2.257 30	1.360 75	5.483	3.618 05

Relevé général des dépenses

faites pour le Monument de Calais

RECETTES

Ville de Calais..................................	6.000	00
Ministère des Beaux-Arts........................	4.300	00
Société du Souvenir Français	1.646	10
Bataillons de Chasseurs.........................	1.994	30
Communes du canton.............................	361	00
Institution Saint-Vincent de Senlis où Dutertre se prépara à Saint-Cyr.............................	200	00
Membres de l'Association Amicale des Officiers de Chasseurs à pied de la réserve et de l'armée territoriale de la Seine........................	163	00
Tombola : 1.285 fr. 75 chasseurs à pied, 75 francs Institution Saint-Vincent.....................	5.239	65
Comité de Calais du Souvenir Français..........	145	00
Quête à l'église le jour de l'inauguration........	159	40
Souscriptions diverses..........................	7.561	35
ENSEMBLE...	27.769	80

DÉPENSES

Prix du monument, suivant devis................	24.337	00
Remis à titre gracieux à M. Ghesquier	1.000	00
Factures diverses, etc..........................	2.068	65
En caisse à l'époque du réglement..............	364	15
ENSEMBLE...	27.769	80

Calais, le 14 Février 1905.

LE TRÉSORIER :

(Signé) : CLIPET.

Programme officiel de la Fête Communale

des 2, 3, 4 et 5 Juillet 1904

GRANDES RÉJOUISSANCES

à l'occasion de

l'Inauguration du Monument

du

SOUVENIR FRANÇAIS

Érigé à la mémoire des *Enfants du Calaisis morts pour la Patrie* et à la glorification du *Capitaine DUTERTRE*, sous la présidence de M. le Général SAGE, membre du Conseil central d'Administration du *Souvenir Français* et de M. le Colonel GAZÈRE, Délégué de M. le Ministre de la Guerre, avec le concours des Équipages de la division des torpilleurs de la défense mobile de Dunkerque, du 8e bataillon de Chasseurs à pied et de sa Fanfare, du drapeau des Chasseurs à pied et de toutes les Sociétés patriotiques de la région.

JOURNÉE DU SAMEDI 2 JUILLET

à 8 heures 1/2 du soir

GRANDE RETRAITE AUX FLAMBEAUX

Avec le concours de la Musique Municipale, des Troupes de la garnison et de la Compagnie des Sapeurs-Pompiers.

ITINÉRAIRE : Départ rue Jean-de-Vienne, rue des Maréchaux, rue Saint-Michel, place du Marché-aux-Herbes, place d'Armes, rue du Havre, boulevard International, rue de la Mer, place

d'Armes, rue Royale, place Richelieu, boulevards Jacquart,
Lafayette, rue d'Orléans, place Crèvecœur, rues Réaumur, du
Four-à-Chaux et Chantilly, Hôtel des Pompes (dislocation).

JOURNÉE DU DIMANCHE 3 JUILLET

A partir de 8 heures du matin

SALVES D'ARTILLERIE & CARILLON
de la Place d'Armes

A partir de 9 heures du matin

Arrivée et Réception des personnages officiels

Sociétés du *Souvenir Français*, de Combattants, de Vétérans,
de Sapeurs-Pompiers, de Gymnastique, de Tir, etc., etc.

A 10 heures 1/2, à l'Hôtel-de-Ville, place Crèvecœur

Réception, par la Municipalité et le Comité du *Souvenir
Français*, de MM. les Chefs de Corps et Présidents des
différentes Sociétés.

· Pendant la réception, **Concert** sur la place Crèvecœur
par la Musique Municipale.

30ᵉ Grand Concours annuel de Tir à la carabine Flobert,
et aux armes nationales, à la Société *La Concorde*.

A 10 heures 1/2, au Parc

Grand Tir à l'Arc

Concours international organisé par la Société *Saint-Sébastien*,
sous le patronage de la Commission Municipale des fêtes.

A midi

Service Solennel célébré à l'église Notre-Dame. (Allocution
par M. l'Archiprêtre de Calais.)

A 2 heures, boulevards Gambetta, Lafayette et Pasteur

Réunion des Sociétés étrangères et locales
pour se rendre en cortège auprès du Monument.

LISTE DES SOCIÉTÉS ÉTRANGÈRES :

Compagnies des Sapeurs-Pompiers d'Hazebrouck, Saint-Venant, Ardres, Guines et Caudry. — L'Orphéon municipal d'Amiens, les Orphéonistes Valenciennois. — Fanfares de Saint-Venant et d'Arques. — Les Combattants de 1870-71 : de Lille, Dunkerque, Bergues, Saint-Martin-au-Laërt, Lourches, Saint-Omer. — Les Vétérans des armées de terre et de mer : d'Ardres, Polincove, Boulogne, Montreuil, Sangatte, Etaples, Avesnes, Dunkerque, Guines et Fauquembergue. — Les Sociétés du *Souvenir Français* : de Bourbourg, Arras, Ardres, Boulogne et Saint-Omer. — Les Sociétés de Gymnastique d'Arras, Boulogne et Coulogne. — La Réunion Amicale des Officiers de Chasseurs à pied de Paris. — L'Association Amicale des Anciens Chasseurs à pied.

LISTE DES SOCIÉTÉS LOCALES :

L'Union des Sociétés de Secours Mutuels : La Communale, L'Union Mutuelle, La Persévérance, L'Union des Travailleurs, La Société Scolaire, La Solidarité, L'Union des Ouvriers, L'Humanité, La Mutualité de Calais-Nord, La Mutualité de Calais-Sud, L'Humanité des Travailleurs, La Vaillante. — Les Sauveteurs du Nord et du Calaisis, La Société Centrale de Sauvetage, Les Combattants de 1870-71, Les Vétérans des armées de terre et de mer, Le *Souvenir Français*, La Fédération Colombophile. — La Musique Municipale, L'Union Chorale, Le Cercle Plaisant, La Fanfare des Trompettes, La Lyre Amicale. — La Compagnie des Sapeurs-Pompiers, Les Carabiniers de la Concorde, L'Union Calaisienne, L'Arbalète Calaisienne, Les Carabiniers du Petit-Courgain, Les Carabiniers du Centre, Les Amis-Réunis, Les Francs-Tireurs, Les Amis de la Carabine, Les Carabiniers du Transwaal, La Fraternelle, L'Étoile, Le Progrès Calaisien, L'Avant-Garde, L'Union Ouvrière Calaisienne, L'Union Sportive et le Club Athlétique.

A 2 heures 1/2

DÉPART DU CORTÈGE

Groupement des Drapeaux et Présidents de Sociétés devant le Monument.

A 3 heures précises

Inauguration Officielle du Monument du SOUVENIR FRANÇAIS
Remise à la Ville du Monument

Par M. le Commandant BEAUQUESNE, Chevalier de la Légion d'honneur.

DISCOURS

Au cours de la cérémonie, se feront entendre : La Musique Municipale, *La Marseillaise* ; L'Union Chorale, *Stances patriotiques* (chœur, solo et orchestre), musique de Bogaert, paroles de A. Géris; La Fanfare du 8e bataillon de Chasseurs à pied et l'Orphéon Municipal d'Amiens, *La Marche du 8e Bataillon, Souhaits à la France, Sidi-Brahim* (chant des Chasseurs).

GRAND LACHER DE PIGEONS

Défilé, devant le Monument, des Troupes et des Sociétés, avec le concours des musiques civiles et militaires.

Dislocation du cortège boulevard International.

A 6 heures 1/2, Hôtel Meurice

Banquet officiel offert par la Municipalité. Pendant le Banquet, **Concert** par la Musique Municipale.

A 6 heures, place d'Armes

— CONCERT —

Par la Musique Municipale de Guines et la Fanfare des Sapeurs-Pompiers de Saint-Venant.

Programme :

Musique Municipale de Guines : 1. *Marie-Henriette*, ouverture (Montagne) ; 2. *La Reine des Vagues*, fantaisie (Bléger).

Fanfare de Saint-Venant : 1. *Zaïre*, fantaisie pour piston (Rossini) ; 2. *Si j'étais Roi*, fantaisie (Adam) ; 3. *Alsace*, ouverture (Sellenick).

Au Jardin-Richelieu

Grand Concert

Par la Fanfare du 8e bataillon de Chasseurs et le Cercle des Orphéonistes d'Amiens.

1. *Allegro militaire*, par la Fanfare (X) ; 2. *Les quatre Saisons de France*, chœur par l'Orphéon (Ritz) ; 3. *Rosabelle*, ouverture par la Fanfare (Wetge); 4. *Souhaits à la France*, par l'Orphéon (Pessard); 5. *Salambô*, fantaisie par la Fanfare

(Reyer); 6. *Le Roi des Mondes*, par l'Orphéon (Dard-Janin);
7. *Sidi-Brahim*, chant des Chasseurs, par la Fanfare et
l'Orphéon.

A 6 heures, au Parc

✦ CONCERT ✦

Par la Fanfare des Sapeurs-Pompiers d'Arques et la Fanfare
Sainte-Cécile de Coulogne.

Programme :

Fanfare d'Arques : 1. *L'Ile des Fées*, ouverture (X.) ; 2. *La
Roche Tarpéienne*, ouverture (Marsal).
Fanfare de Coulogne : 3. *L'Auvergne*, ouverture (François);
4. *Brise printanière*, fantaisie (Lardeur).

A 8 heures 1/2

Illumination générale des Bâtiments communaux

A 8 heures 1/2, au Parc

♫ BAL A GRAND ORCHESTRE ♫

BRILLANTES ILLUMINATIONS. — ENTRÉE LIBRE

A 10 heures, en face le Monument

Splendide Feu d'Artifice

avec pièces allégoriques

JOURNÉE DU LUNDI 4 JUILLET

Dans la Matinée

Continuation du **Concours de Tir** à la Société *La Concorde*.
Tir offert à la Compagnie de Sapeurs-Pompiers
et à la Musique Municipale.

A 3 heures 1/2, place d'Armes

Grande Fête de Gymnastique

Par la Société de Gymnastique l'*Étoile*, avec le concours de
plusieurs Sociétés de la région.

Pendant la Fête de Gymnastique

CONCERT par la Lyre Amicale

1. *Allegro Militaire*, par la Lyre Amicale ; 2. Pyramides à mains libres, par le Réveil de Boulogne ; 3. Série de mouvements avec massues et barres, par la Société d'Arras ; 4. Pyramides à mains libres, par les pupilles de l'Étoile ; 5. Travail simultané aux barres parallèles, par le Réveil de Boulogne ; 6. Série de mouvements avec massues par les gymnastes de l'Étoile ; 7. Pyramides sur les échelles, par la Société d'Arras ; 8. Groupes de Pyramides, par l'Étoile ; 9. Mouvements d'ensemble, en musique, de la Fête Fédérale, par toutes les Sociétés réunies.

A 3 heures 1/2, au Vélodrome

COURSES VÉLOCIPÉDIQUES

(Consulter les affiches spéciales.)

A 3 heures 1/2, route de Guines, près du café de Dunkerque

❖ Fête Nautique ❖

Les Équilibristes jouteurs, nouveauté.

A 6 heures, au Parc

GRAND CONCERT, par la Musique Municipale

1. *Allegro Militaire* (OLLAGNIER) ; 2. Ouverture de *Cavalerie légère* (SUPPÉ) ; 3. *Gretna Green*, valse et scène (GUIRAUD) ; 4. *Scaramouche* (MESSAGER) ; 5. *Les Filles de Capri*, grande valse (CAMYS). Le Chef de Musique : E. CAMYS.

A 8 heures 1/2, au Jardin Richelieu

BAL à grand Orchestre

Illuminations à giorno. — Entrée : 0,50 c.

JOURNÉE DU MARDI 5 JUILLET

A 4 heures, à l'angle de la rue Pierre-Mulard

MAT DE COCAGNE (NOMBREUX PRIX)

A 4 heures, au Pont Saint-Pierre

Course aux Canards (60 francs de Prix)

A 4 heures, au Pont Jourdan

JEU DE CISEAUX réservé aux Dames (Nombreux Prix)

A partir de 4 heures, place Crèvecœur

GRANDE FÊTE AÉROSTATIQUE

Pendant le gonflement du ballon, **Concert** par la *Lyre Amicale.*
Lancement de ballons grotesques.

A 6 heures précises

Départ du Ballon « le Capitaine Dutertre »

Cubant 1.000 mètres, monté par M. TIBERGHIEN, Aéronaute à Douai

A 8 heures 1/2, au Parc

BAL A GRAND ORCHESTRE

Brillantes illuminations et embrasement général. Entrée : 25 c.

JOURNÉE DU DIMANCHE 17 JUILLET

CLOTURE DES FÊTES

Conférence sur Dutertre

ET LES

Evénements de Sidi-Brahim

Par M. le Commandant CAFFIER, de Calais

TIRAGE DE LA TOMBOLA

TABLE DES MATIÈRES

9 782019 930769